孩子常问的 500个为什么？

神秘的大自然

吕昀珊　曲美霞 ● 主编

青岛出版集团 ｜ 青岛出版社

目 录

为什么春天是多风的季节？/2
风可以分成多少级？/3
为什么风车可以发电？/4
旋风是怎么形成的？/5
为什么朝霞是橙红色的？/7
雾是怎么形成的？/8
为什么有其他颜色的雾？/9
雾凇是树开的花吗？/10
云是怎么形成的？/11
为什么云会变来变去？/11
为什么大山里的云更多？/12
山腰上为什么经常云雾缭绕？/13
为什么雨滴有大有小？/14
为什么夏天太阳高照的时候还会
　下雨？/15
为什么雨后的空气很清新？/16
为什么雨后会出现彩虹？/17
为什么天空会打雷？/18
为什么高楼大厦的头顶上要插
　一根"针"？/18

为什么闪电有很多颜色？/20
为什么打雷时不能躲在大树下？/21
为什么冬天会下雪？/22
为什么雪花是白色的？/22
为什么雪花是六角形的？/23
每个地方都有四季吗？/24
四季是以什么来区分的？/25
为什么昆明四季如春？/25
森林火灾有哪些危害？/26
为什么岩浆会从火山里喷涌而出？/28
为什么火山会"睡觉"？/29
为什么会发生地震？/30
什么是余震？/30
震中是什么？/31
决堤是怎么一回事？/32
洪水有哪些危害？/33
为什么山洪暴发很可怕？/34
龙卷风是怎么形成的？/36
海面上也会刮龙卷风吗？/38
为什么小鱼和贝壳会从天上掉下来？/38

台风是一种什么风？ / 40

台风中也有风平浪静的地方吗？ / 41

为什么台风有自己的名字？ / 41

雪崩是怎么形成的？ / 42

为什么在雪山里不能大声讲话？ / 43

为什么大海会"咆哮"？ / 44

海啸可以分为哪两类？ / 45

是谁制造了沙尘暴？ / 46

沙尘暴是从沙漠地区来的吗？ / 47

为什么酸雨被称为"空中恶魔"？ / 48

酸雨是怎么形成的？ / 49

雾霾是什么？ / 50

雾霾从哪里来？ / 50

雾霾有哪些危害？ / 51

为什么全球的气候在变暖？ / 52

气候变暖会带来什么后果？ / 53

怎样减缓全球气候变暖的脚步？ / 53

为什么有时候会连着下很多天雨？ / 54

为什么春天是多风的季节？

虽然冬天非常寒冷，但是春天往往才是多风的季节。这是为什么呢？

我们知道，风是空气流动形成的。春天正是气温回升的季节。随着气温升高，空气受热膨胀变轻，会慢慢往上升。热空气上升后会遇到冷空气。在冷空气的影响下，热空气的温度下降，自身也变重了。但是，此时地表温度较高，受冷后的空气会再次上升。因为春、夏、秋、冬四个季节中只有春天温差较大，空气流动较为频繁、剧烈，所以这个季节的风才最多。

风可以分成多少级？

你知道吗？风是分等级的。从无风开始算起，风力一般分为 13 级。

速度每秒 0.2 米以下的是 0 级风。风在 2 级以上的时候，会被我们感觉到。如果风到了 6 级以上，人们就很难出行了。当风达到 8 级以上，树枝会被吹断。9 级以上的风会损坏房屋，给我们的生活带来很大的损失。级别最高的风是 12 级的飓风，其破坏力十分惊人！

为什么风车可以发电？

大自然中的能量是可以转化的。电其实也是能量转化的一种形式。风车发电就是利用了能量转化这一原理。那么，电是怎样产生的呢？

你听说过发电机吧？发电机就是电能的"生产车间"。虽然风车不能直接产生电，但风车转动起来可以产生风能，而风能就可以带动发电机工作进行发电。你知道吗？人类利用风能的历史已经有几千年啦！

旋风是怎么形成的？

小朋友，你见过旋风吗？旋风贴近地面，能够卷起地上的叶子和尘土。你知道旋风是怎么形成的吗？

随着气温升高，当某个地方被太阳晒得很热时，这里的空气就会慢慢地膨胀起来。膨胀的空气会因为变轻而上升，等离地面远了之后，随着温度的逐渐降低，开始向四周流动并慢慢下沉。这时，受热地区的空气气压会变低，空气会从四周气压高的地方向中心气压低的地方流，加上地球又是一刻不停地从西向东旋转，于是从四周吹来的较冷空气就围绕着受热的低气压区旋转起来，形成空气涡旋。这就是我们所说的旋风。

为什么朝霞是橙红色的？

清晨,橙红色的朝霞映红了半边天,真漂亮啊!我们知道,朝霞是阳光映照出来的云霞,可是为什么是橙红色的呢?

原来,阳光是由红、橙、黄、绿、青、蓝、紫这七种颜色的光线组成的。但是,面对阻碍的时候,这些光就有强弱之分了。早上,大气中有很多小水滴,它们就像层层关卡一样,能将波长较短的光散射掉。除了红色、橙色、黄色,其他颜色的光线很难穿透重重阻隔到达地面,所以我们看到的朝霞就是橙红色的了。

雾是怎么形成的？

你知道雾是怎么形成的吗？让我来告诉你吧！当地表温度不高，空气又相当潮湿的时候，空气中的水分子就会凝结成小水滴。这些小水滴悬浮在空气中，就是我们所看到的雾。因为雾和云都是由温度下降引起的，所以有时人们会说：雾是靠近地面的云。

为什么有其他颜色的雾？

雾是水蒸气形成的，大都呈白色。但是，英国的伦敦曾经出现过紫色的雾。这是什么原因呢？不要认为紫色的雾很漂亮啊！那可不是什么好现象。有的地方空气污染严重，所以雾就不全是纯净的水滴，其中会掺杂一些有害的物质。通常不同的物质会有不同的颜色，所以雾就会呈现出其他颜色来。

雾凇是树开的花吗？

冬天，我国北方有一种非常迷人的景观——雾凇。不要以为雾凇是树上长的一串串白色小花，实际上它们是一种小冰粒。有时天气非常寒冷，空气当中的水蒸气在遇到物体时就会跳过变成水滴的过程，直接形成小冰粒。这些小冰粒附着在物体表面，就变成了白白的"雾凇"。

云是怎么形成的？

天上的云是由小水滴和小冰晶组成的。你是不是很好奇，水是怎么从地面跑到天上的呢？我们知道，水有三种形态，可以是液体，可以变成冰，也可以变成水蒸气。当气温很高的时候，一部分水就会变成轻飘飘的气体跑到空气中。但是，高空的温度很低，水分子们为了"取暖"，就抱成一团，变成了小水滴。这些小水滴聚集在一起，就成为高空的云了。

为什么云会变来变去？

我们如果盯着一片云看，会觉得它是静止的。但是，我们如果过一会儿再看它的话，可能会发现它的形状或位置发生了改变。为什么云会变来变去？这是因为空气不是静止的，每时每刻都在运动。虽然我们很难感觉到，但是小水滴很轻，会随着空气的运动而运动。组成云的小水滴的位置发生了变化，那么云的形状或位置自然就不一样啦！

为什么大山里的云更多?

你有没有发现这样一个现象:大山中的云彩非常多。这是为什么呢?其实,去过大山的小朋友会发现,山里有好多的植物。植物当中含有很多水分,所以大山里空气中的水分往往比较多。山上的温度又比地面要低。水汽不断升高,遇冷后就会变成小水滴,在空中结成云。当云过重的时候,就会下雨。植物将雨水喝掉后,又会重复释放水分的过程。所以,大山里的云朵就更多了。

山腰上为什么经常云雾缭绕？

大山的山腰上经常云雾缭绕。为什么云彩会绕在半山腰上呢？我们知道，形成云彩的原因有两个：第一是温度够低，第二是水分够多。山顶上温度不是更低吗？没错，但是山顶上往往水分比较少。小水滴飘到了一望无际的天空中，还能乖乖地停留在一个地方吗？山腰就不同了。因为有山阻挡，小水滴们往往会聚集在山腰周围，再加上温度够低，就形成了大山的"云彩腰带"。

为什么雨滴有大有小？

我们仔细观察就会发现：天降暴雨时，雨滴很大；下毛毛细雨时，雨滴非常小。你是否好奇过，为什么雨滴不一样大呢？告诉你吧，这和云有很大的关系。如果云比较稀薄，空气运动不强烈，那么降下的就是毛毛雨；如果云很厚，就说明水汽很多，再加上空气运动强烈，小水滴就会运动起来，甚至碰撞后结合在一起，像滚雪球那样变成大雨滴。

智慧多多

有时在同一场雨中，雨滴的大小也不一样。这取决于雨滴中灰尘杂质的大小。所以，世界上不存在完全相同的两颗雨滴。

为什么夏天太阳高照的时候还会下雨？

下雨的时候还能看到太阳，真神奇！其实，太阳雨并不神秘。想一想：太阳雨有什么特点呢？太阳雨总是下一阵就停，持续的时间不长。这是因为下雨的云比较薄，并且在高空。在雨水落到地面之前，云就已经消失了。当我们感觉到雨的时候，遮挡太阳的云没有了，我们自然就能看到太阳了。另外还有一种可能，就是距离我们不远的地方在下雨，恰巧有一阵很大的风把那里的雨水带到了我们这里。

为什么雨后的空气很清新？

雨后的空气好清新！你想过这是为什么吗？下雨时，水汽为了凝结成雨滴，会将空气中的灰尘、杂质层层包裹起来。雨水将杂质带到了地面上，所以空气就纯净了许多。而且，下雨时雷电还会产生臭氧，臭氧具有杀菌的作用。空气中少了灰尘和细菌，当然清新多啦！

智慧多多

下过雨后不仅空气会变得清新，就连气温都会低一些。这是因为在下雨前，水汽会吸收一部分地面的热量。盛夏时节，下过雨后，空气清新，凉风习习，别提多惬意啦！

为什么雨后会出现彩虹？

雨过天晴之后，有时会出现彩虹。你想过彩虹是怎样出现的吗？其实，彩虹是太阳的杰作！雨后空气中充满了小水珠，太阳光在射向地面的时候会先经过小水珠。因为太阳光中有多种光线，每种光线的穿透能力不同，所以当它们穿过这些水珠时，就会产生折射现象。又因为这些光线的折射角度是不一样的，所以天空中就会出现绚丽的彩虹啦！

为什么天空会打雷?

由于空气的流动和水滴或冰晶的碰撞,云层会带上不同的电荷。下雨时,天上的云有的是正极,有的是负极。两种云碰到一起时,就会产生闪电,同时又释放出很大的热量,使周围的空气受热,膨胀。瞬间被加热膨胀的空气会推挤周围的空气,引发强烈的爆炸式震动,这就是雷声。形成雷雨云一般要具有两个条件,充足的水汽和剧烈的对流运动。所以,盛夏时节,下雨的时候往往有"轰隆隆"的雷声。

为什么高楼大厦的头顶上要插一根"针"?

你听说过避雷针吗?避雷针就是大楼顶上那根尖尖的金属针。别看它结构简单,整座大楼都需要它的保护呢!几乎每栋大楼上都会有避雷针。这是为什么呢?我们知道雷电很恐怖。其实不仅我们害怕雷电,就连大楼也害怕遭到它的袭击!为了防止雷电"作恶",人们就给大楼安装了避雷针,让它给雷电一个导向,将雷电引到其他地方去。雷电走了,大楼自然就安全啦!

为什么闪电有很多颜色？

常见的闪电是白色的。但是，你知道吗？闪电还有其他的颜色呢。究竟是谁操控着闪电的颜色呢？其实，影响闪电颜色的因素有很多，其中闪电的温度很重要。当温度比较高时，闪电是蓝色或白色的；当温度比较低时，闪电是橘色或红色的。当然，空气湿度、气体变化、灰尘等杂质也会影响闪电的颜色，使闪电呈现出黄色、绿色、紫色……

为什么打雷时不能躲在大树下？

有没有人告诉过你，下雨天不要躲在大树下呢？这是因为雷雨天在树下躲雨非常容易被雷电击到。大树就像是避雷针一样，很容易将雷电引到人的身上。而且，潮湿的树木更容易导电。我们如果离大树很近的话，有可能会被雷电伤害。所以，雨天最好不要在外面玩耍，更不要到大树下避雨！

智慧多多

为什么闪电划过之后才会响起雷声？通常雷声和闪电都是相伴出现的。不过，我们通常先看到闪电，后听到雷声。它们为什么不同步呢？其实就像我们赛跑一样，有人跑得快，有人跑得慢。闪电是光的传播，而雷声是声音的传播。光跑得比声音快多了，所以我们会先看到闪电，后听到雷声。

为什么冬天会下雪？

下雨和下雪都是降水。为什么冬天下的是雪呢？其实，这不是水分子自己决定的。夏天的时候，高空的温度虽然很低，但水分子们仍然能保持液体的形态。但是，到了冬天，高空的温度低于 0℃的时候，水分子因为太冷就变成了小冰晶。小冰晶排好队落下来，就成为我们看到的雪花啦！

为什么雪花是白色的？

当光照射在物体上时，有可能会被物体反射出去，也有可能被物体吸收了，还有可能直接透过了物体。比如，橘子被光照射时，因为只反射橙色，吸收除橙色以外其他颜色的光，所以橘子看起来是橙色的。干净的冰块能够透过可见光中各种波长的光线，因此看起来无色透明。雪花是一种单晶形态，本质上也是透明的。而我们看到的雪，是由多片单晶组成的多晶。单晶形态的雪花晶面少，反光弱，显得透明。多晶形态的雪花内部复杂，拥有多个晶面。光在其中传播时，会被多次折射、反射，最终这些折射、反射的光互相叠加，就成了我们所见的白色。

为什么雪花是六角形的？

雪花真漂亮，小朋友们好喜欢！可是，为什么雪花是六角形的呢？其实，雪花是一种晶体。很多晶体有特定的几何形状，结晶的物质分子会按照自己的规则进行排队。水分子要变成雪花的话，也要按照规则进行排队，它们的队列就是六角形。因此，雪花不论大小，都是六角形的！不过，每一片雪花都是长相不同的六角形。

每个地方都有四季吗？

四季当中你最喜欢哪个季节呢？每个地方都有四季吗？我们要知道，只有温带才会有明显的四季之分。赤道常年都有阳光照射，所以没有明显的季节区分；南北极常年都很少接受阳光的照射，所以也难以区分四季。对于热带和寒带来说，一般只有两季的区分。

四季是以什么来区分的？

一般情况下，我们以温度来区分四季。在北半球，一般每年的3月到5月为春季，6月到8月为夏季，9月到11月为秋季，12月到来年2月为冬季。南半球各个季节的时间刚好与北半球相反。北半球是冬季时，南半球是夏季；北半球是夏季时，南半球是冬季。

为什么昆明四季如春？

你去过昆明吗？那可是一个四季如春的好地方。虽说我国大部分地区处于北温带，有明显的四季划分，但昆明是一个例外。昆明的地理位置比较特殊，终年都能接受比较多的阳光，加上来自海洋的暖湿气流，所以冬天也不会很冷。到了夏天，空气中的水分增多，能够吸收很多热量，加上海拔比较高，所以也不会很热。这就是昆明冬暖夏凉、四季如春的原因。

森林火灾有哪些危害?

森林火灾的危害可大了!熊熊大火不仅会烧伤、烧死很多树木,使森林生态环境失去平衡,还会严重威胁动物们的生命。动物们即使有幸在大火中躲过一劫,也会失去赖以生存的家园。此外,森林火灾还有可能引起林地沼泽化等问题。所以,我们平时去森林游玩时一定要注意防火!

为什么岩浆会从火山里喷涌而出？

为什么火山中会有岩浆喷出来呢？岩浆又是什么呢？火山内部含有炽热的岩浆，岩浆是从岩石变来的。我们生活在地球表面或许感觉不到，实际上地球内部的温度非常高，高到足以融化岩石。科学家推测地球深处的岩石在高温、压力作用下形成岩浆。当火山内部岩浆压力大于地层压力时，岩浆就会从火山口喷涌而出。

为什么火山会"睡觉"?

你知道吗?火山也有"死"和"活"的分别。火山当中有一类休眠火山,说的就是那些"睡着了"的火山。休眠火山指的是曾经喷发过,但现在没有喷发迹象的火山。不过,这并不排除它们还有喷发的可能。为什么火山会睡觉呢?火山喷发是地球内部能量释放的过程,而地球内部的能量需要长时间的积蓄才能达到释放的标准,这个过程可能非常漫长。在这个过程中,火山只能"睡觉"啦!

智慧多多

火山喷发时除了会喷出岩浆,还会喷出含硫的有毒物质,甚至释放磁和放射性物质。这些物质非常可怕,不仅对人体和动物来说非常危险,甚至天上的飞机都可能因此失事。

为什么会发生地震？

地震真是太可怕了，能毁坏房屋，甚至让大地陷落。这样大的灾难是怎么造成的呢？实际上，地震是地球内部能量释放的一种形式。地球内部一直在运动、变化着。当地球内部的能量亟待释放的时候，地球表面脆弱的地方就会发生断裂、错动，就形成了地震。

什么是余震？

你知道余震是怎么回事吗？大地震过去后，还会有很多小地震呢！这些就是余震。余震的强度一般比主震小，不过连续发生还是会造成危害的。为什么会有余震发生呢？原来，一次强烈的地震之后，岩层一般不会立刻平稳下来，而是会继续活动一段时间，把岩层中剩余的能量释放出来，所以大地震发生之后通常会有余震。

震中是什么？

报道中如果有地震的相关信息，往往会提到"震中"这个词。震中是什么呢？地震时，能量往往集中在一个小范围内爆发。不过，地震波及的范围非常广。震中指的就是地震源头的中心地带。通常情况下，地震震中的损失是最严重的。要记住的是，地震的源头在地下，但是震中指的是源头投射到地面上的地方。

智慧多多

地震的危害非常大。如果地震发生在大海中，还有可能引发海啸。

决堤是怎么一回事？

河流都是在既定的河道中前行的。不过，当雨季来临的时候，如果降雨过多，持续时间过长，降水过猛的话，河流承载不了那么多的雨水，可能就会暴发洪灾。河流两边通常都有堤坝，它的存在就是为了规范河水的行走路径。但是，如果水量过大，堤坝也承受不住。如果堤坝垮掉的话，大量的河水就会脱离原来的轨道，这就是我们所说的"决堤"。如果河流决堤的话，洪水的脚步就很难阻挡了。

洪水有哪些危害？

洪水破坏力很强，波及范围非常广，一旦失去控制，人们的生命和财产安全将遭受巨大损失。来势凶猛的洪水会淹没房屋、街道，摧毁人们的家园；会快速吞没农田，毁坏农作物；还会破坏公共交通、电力等设施……

为什么山洪暴发很可怕？

山洪是洪水家族的一分子，而且还是洪水家族当中破坏力非常大的一员。为什么山洪很可怕呢？山洪一般发生在山区的溪沟当中，那里到处都是泥沙、石块。山洪暴发时，洪水会洗刷山坡，连带着泥沙、石块一起奔跑，冲毁田地、道路等，破坏力非常可怕。

智慧多多

实际上,山洪、泥石流等自然灾害并非不可预防。只要人们多植树、种草,做好环境保护,就能有效防止这些自然灾害的发生。

龙卷风是怎么形成的？

你知道龙卷风吗？龙卷风的威力很大。它是怎样形成的呢？有的地方空气受热不均，地面或水面温度太高，高空温度又太低。为了达到稳定，高空的冷空气会快速向下跑，而低空的热空气会快速向上升。两种空气因为运动速度太快，在相遇的时候会产生碰撞，之后就会缠在一起，形成空气旋涡。随着空气运动越来越剧烈，周围的空气也会"加入"进来，这样旋涡会越来越大，可怕的龙卷风就形成了。

智慧多多

龙卷风虽然破坏力很大,但是通常袭击的范围较小,不会造成大面积的损害。通常一阵龙卷风的存在时间只有几分钟,最长不过几个小时。

海面上也会刮龙卷风吗？

海面上也有龙卷风呢！龙卷风发生在海面上时，能够将海水吸入高空，形成一条连通海面与天空的水柱，人们称这样的龙卷风为"水龙卷"。水龙卷刚形成的时候是透明的，但是会在海面上形成涡旋。随着水汽的增多，水龙卷就会变成一条上端连着乌云、下端延伸至海面的水柱，并且在海面上不停移动。

为什么小鱼和贝壳会从天上掉下来？

你有没有幻想过天上掉下东西来？还真有这样的事呢！水龙卷将大量的水吸到了云层里。但是，受到重力的影响，液态水不能长时间在云层里停留，所以就会变成雨水降落下来。有时候，被水龙卷吸引到天空里的小鱼、贝壳等也会随着雨水一起降落下来，这样就形成了奇怪的"雨"。

智慧多多

夏秋两季，因为具备温度等自然条件，中国南海的西沙群岛附近海域经常出现水龙卷。

台风是一种什么风？

你知道台风吗？当它袭击沿海地区的时候，沿海地区就会出现降雨和大风。实际上，台风是热带或副热带地区海洋上的空气形成的一种气流旋涡。简单来说，它和龙卷风有点相似，不过台风持续的时间比龙卷风长多了，而且造成的危害也是大范围的。

为什么台风有自己的名字？

大家看新闻的时候会发现台风都有自己专属的名字。为什么要给风起名字呢？了解台风的特点之后，答案就出来了。台风是一种热带的空气旋涡，很难预料，而且具有很大的破坏力。所以，在紧急情况下播报台风的时候，就要准确、快捷。为了避免混淆，同时可以概括台风的准确信息，人们就给台风取了名字。

台风中也有风平浪静的地方吗？

虽然台风狂躁无比，但台风中央，也就是台风眼的位置，其实是风平浪静的。这是由空气高速旋转形成的一股力量造成的。其实，台风的气流旋转很像洗衣机洗衣服的过程。洗衣机工作的时候是滚筒在旋转，水流和衣服都贴着桶壁，洗衣机的中央是没有水的。台风眼就正处于台风的中央位置，不受台风干扰，因此是风平浪静的。

雪崩是怎么形成的？

雪崩来了，快逃！真奇怪，看起来安安静静的雪山也会发脾气！你知道这是怎么回事吗？实际上，厚厚的雪层内部一直在进行着一种较量：地球引力妄想沿山坡的方向把积雪往下拉，而积雪的内聚力却使雪体彼此黏结，停歇在山坡上。这时候，山坡上吹过一阵风，或是山谷里跑过一群动物，都可能让这场较量失衡，造成规模庞大的雪崩。

为什么在雪山里不能大声讲话？

虽然白雪轻飘飘的，但是雪崩是非常可怕的灾难！你如果去过雪山的话应该知道，在雪山里禁止大声讲话，因为大声喧哗可能会引起雪崩。虽然我们觉得声音和雪崩没有什么直接联系，但事实上我们的声音会让空气产生振动。如果声音太大，空气振动波及了不稳固的雪，那些雪就会崩塌，于是就造成雪崩事故了。

智慧多多

雪崩会引起空气的剧烈震荡，有时可以形成一层强大的气浪，就像原子弹爆炸时产生的冲击波。气浪就像雪崩的利剑，可以将前进方向上的障碍物一扫而空，破坏力非常强。

为什么大海会"咆哮"?

对于海滨城市而言,海啸是非常可怕的灾难。海啸是大海发怒了吗?海啸是由海底地震、火山爆发、海底滑坡或气象变化引起的破坏性海浪。海啸的波速高达每小时700到800千米,在几小时内就能横过大洋。

当海浪到达海岸附近的浅水地带时,波长减短而波高急剧增高,波高可达数十米,形成含有巨大能量的"水墙"。"水墙"产生的破坏力非常巨大,严重危害岸上的建筑物和人的生命。

海啸可以分为哪两类？

根据海啸的发生区域，我们一般可以将海啸分为本地海啸和遥海啸。本地海啸也叫"局地海啸"，发生区域与受灾海滨相距较近，会在几分钟之内席卷海岸，让人们毫无防备，经常造成非常严重的破坏；遥海啸一般形成于很遥远的海洋，人们可以在它到来前采取防范措施，减少它可能造成的损失。

是谁制造了沙尘暴？

沙尘是沙尘暴形成的物质基础，大风是沙尘暴形成的动力基础，不稳定的空气状态是沙尘暴形成的热力条件。另外，沙尘暴不仅发生在特定的自然环境下，而且和人类活动也有一定的关系。过度放牧、过度开垦导致植被的破坏和土地沙漠化的扩展都是沙尘暴天气形成的原因之一。

沙尘暴是从沙漠地区来的吗？

在干旱的北方经常会有沙尘暴天气。你是否想过，漫天的黄沙是从哪里来的呢？内陆沙漠地区天气干旱，在有风过境的时候，大风会将沙漠当中的一些沙尘带到其他地方。持续的大风最终会造成沙尘暴天气。也就是说，我们看到的沙尘其实大部分是从沙漠地区来的。

为什么酸雨被称为"空中恶魔"？

酸雨的危害非常大，被称为"空中恶魔"。没错，酸雨是全球性的灾难之一，会让土壤酸化，变得贫瘠，还能诱发虫害，使农作物减产。酸雨还会损害森林植物，使树叶枯黄脱落，森林成片死亡。另外，酸雨还会腐蚀建筑材料，有许多文物古迹就因为酸雨而变得面目全非。不仅如此，酸雨还会影响人们的身体健康！

酸雨是怎么形成的？

酸雨的危害可大了，那么无色无味的雨是怎么变"酸"的呢？这和我们人类的活动有关。人们在生产、生活当中会排放出很多污染环境的酸性物质，这些物质和雨结合之后就会成为酸雨，有硫酸雨、硝酸雨等。我国的酸雨主要是燃烧含硫量比较高的煤造成的，另外还有汽车尾气的排放。现在提倡绿色出行，为的就是减少汽车尾气的排放，保护环境。

智慧多多

要知道，酸雨也是可以控制的。如果人们注意限制高硫煤的开采与使用，对火电等工厂的二氧化硫污染进行重点治理，防止化工、冶金、有色金属冶炼和建材等行业生产过程中的二氧化硫污染，就能减少酸雨的产生。

雾霾是什么？

雾霾天气可比大雾天气糟糕多了！雾霾的主要成分是雾、二氧化硫、氮氧化物和可吸入的颗粒。大雾本来就会阻碍我们的视线，加上各种颗粒，能见度就更低了。雾霾当中的有害物质很多，在雾霾天气我们要尽量减少出行，或者采取防护措施。

雾霾从哪里来？

小朋友，你知道雾霾是怎么来的吗？人类是制造雾霾的元凶，机动车尾气是制造雾霾的主犯，工业生产排放的废气、浓烟当然也是主要的参与者。在我国北方，烧煤供暖产生的废气，加上空气流动性较差等原因，曾经让冬天成了雾霾最严重的季节，不过这种情况目前已有很大改善。除此之外，建筑工地中的扬尘、居民生活排放的烟气也是制造雾霾的帮凶。

雾霾有哪些危害？

科学研究表明，雾霾里有20多种对人体有害的物质，这些物质会给人类健康带来不可忽视的负面影响。雾霾不但会使呼吸道疾病、心脏疾病以及其他慢性疾病患者的病情恶化，还会降低人体免疫力。更严重的是，雾霾还会阻碍婴幼儿的健康成长。

智慧多多

雾霾不但把蓝天白云遮住了，还不利于小朋友们的成长和发育，真讨厌！所以，雾霾天大家尽量不要出门。即使出门，也要戴好口罩才行。

为什么全球的气候在变暖？

你有没有听说现在全球气候在变暖？这可不是谣言。为什么现在的气温逐年升高呢？这和人类活动密切相关。随着工业的发展，各种温室气体排放量剧增。这些气体就是全球气候变暖的罪魁祸首。它们盘踞在地球上空，地表的热量被它们吸收，却不会散发到外面。这样，它们就像地球表面的罩子一样，将地球给罩住了。热量不能散发，温度自然逐年升高啦！

智慧多多

全球气候变暖的危害不小。气温增高使得南北极的冰川融化，海平面上升，那些地势低洼的地方在不远的将来很可能就会从地球上消失。

气候变暖会带来什么后果？

首先，全球 70% 的淡水都被储存在冰川中。冰川会因气温升高而融化，造成海平面升高，一些海拔较低的地区会被淹没。其次，气温升高不但会从海洋中吸取水分，还会从陆地上吸取水分，使得内陆大面积干旱，粮食减产，威胁国家和地区稳定。再次，全球气候变暖会使有些地区极端天气出现的频率与强度增加，像干旱、洪涝、雷暴、冰雹等，病菌会通过极端天气扩大疫情的流行，危害人们的身体健康。

怎样减缓全球气候变暖的脚步？

我们不要以为全球气候变暖是不可改变的事情！只要我们平时从一点一滴做起，就能减缓气候变暖的脚步。首先，少用一次性用品，拒绝浪费，外出就餐时点餐要适量；其次，尽量穿用可回收再利用材料做成的衣服；再次，要多用环保的家居产品，注意节约用电、用水；最后，低碳出行，尽量乘坐公共交通工具或步行。这些看似不起眼的行为对减缓全球气候变暖有重要作用，你记住了吗？

为什么有时候会连着下很多天雨？

有时候雨一下就是好多天，给人们的出行带来很多不便。为什么雨会下个不停呢？我们知道，空气中的水汽升到高空受冷会变成小水滴，当云承载不住水滴的重量时，雨滴就会落下来。如果一个地区气候非常湿润，冷空气和暖空气的接触非常频繁的话，那么雨可能会一直下个不停。

孩子常问的 500 个为什么？

虫虫家族

吕昀珊　曲美霞 ● 主编

青岛出版集团 | 青岛出版社

目 录

什么是昆虫？/2

地球上有多少种昆虫？/3

昆虫为什么能遍布世界不同地区？/3

昆虫喜欢群居吗？/4

昆虫之间是怎样交流的？/5

昆虫有"耳朵"吗？/6

为什么昆虫的脑袋上长着触角？/7

昆虫会辨别颜色吗？/8

昆虫怎样呼吸呢？/9

昆虫的食物有哪些？/10

昆虫会睡觉吗？/10

什么是复眼？/12

蝴蝶飞行时为什么静悄悄的？/14

昆虫是怎样"唱歌"的？/15

昆虫用什么办法保护自己？/16

怎样分辨昆虫是不是真的死了？/18

昆虫可以吃吗？/19

昆虫在冬天为什么要"休眠"？/20

天气会热会冷，小昆虫可怎么办？/21

为什么蜜蜂喜欢在花丛中飞舞？/22

蜜蜂飞行时为什么会发出"嗡嗡"的声音？/23

蜜蜂喜欢什么花？/23

花粉被蜜蜂采走了，那花儿会不会死呢？/24

蜜蜂为什么要蜇人？/25

蜻蜓为什么被称为"飞行家"？/26

为什么蜻蜓喜欢点水？/27

蜻蜓会走路吗？/27

为什么早晨的蝴蝶看上去笨笨的？/28

蝴蝶身上为什么有滑滑的"粉"？/29

夏天，树上的蝉为什么叫个不停？/30

什么是金龟子？/30

蝉是不是害虫呢？/ 31

人类为什么要保护七星瓢虫？/ 32

哪些瓢虫是害虫？/ 33

"臭大姐"的名字是怎么来的？/ 33

天牛为什么被称为"锯树郎"？/ 34

为什么叶子虫被称为"伪装高手"？/ 35

蝗虫是害虫吗？/ 36

苍蝇为什么只有一对翅膀？/ 38

苍蝇为什么能在光滑的玻璃上

  爬行？/ 39

为什么不能吃苍蝇爬过的食物？/ 40

苍蝇喜欢吃什么？/ 41

蚊子吸血也有选择吗？/ 42

蚊子只吸食血液吗？/ 43

软软的毛毛虫怎么躲避敌人？/ 44

为什么被桑毛虫蜇了会又痒又疼？/ 45

为什么要养蚕？/ 46

为什么说竹节虫是"伪装大师"？/ 48

竹节虫是怎么繁殖后代的？/ 49

蚂蚁为什么不会迷路？/ 50

蚂蚁为什么不停地搬东西？/ 51

蚂蚁窝那么黑，它们怎么生活呢？/ 52

蚂蚁的触角有什么作用？/ 53

蝈蝈吃什么？/ 54

中华剑角蝗也会"隐身术"吗？/ 55

螳螂是如何捕食的？/ 56

螳螂什么时候才能长出翅膀？/ 57

为什么说蟋蟀是一些蔬菜的

  "敌人"？/ 58

所有的蟋蟀都会"唱歌"吗？/ 59

"屎壳郎"为什么要滚粪球？/ 60

草原上的粪便哪里去了？/ 61

夜晚，为什么灯周围会有小虫

  飞来飞去？/ 62

什么是昆虫？

昆虫种类繁多、形态各异，是地球上数量最多的动物群体，但并不是每一只小虫虫都能进入昆虫家族。那什么样的虫虫才是昆虫呢？首先，成体由头部、胸部和腹部三部分组成；其次，昆虫在长大的过程中，常常会蜕去旧皮，长出新皮；最后，昆虫通常长着三对脚。另外，昆虫的头上还要有一对触角。小朋友，现在你知道什么是昆虫了吧？

地球上有多少种昆虫?

地球这么大,到底有多少种昆虫呢?这可累坏了昆虫学家们。他们有的来到寒冷的北极,有的来到炎热的沙漠,有的爬上陡峭的高山,还有的穿过一望无际的草原……终于,在许许多多昆虫学家的努力下,人类已经发现了100多万种昆虫。不过,地球那么大,说不定在哪个地方还生存着人类尚未发现的昆虫呢!

昆虫为什么能遍布世界不同地区?

昆虫的身影遍布世界不同地区。昆虫有非常强的适应能力,可以在恶劣的环境中生活。昆虫的身体比较小,对食物的需求也就比较少。更重要的是,昆虫的繁殖能力非常出众。因此,世界不同地区几乎都可以成为它们的家。

昆虫喜欢群居吗？

　　小朋友，你有没有想过这样一个问题：昆虫喜欢群居吗？告诉你呀，大部分昆虫喜欢在一起生活。它们一起睡觉，一起吃饭，相处得可融洽了。可爱的小蜜蜂、蚂蚁和蝗虫等，都喜欢群居。有的小昆虫却有些孤僻，更喜欢独来独往的生活，蜻蜓就是有名的"独行侠"。

昆虫之间是怎样交流的？

昆虫不会说话也不会写字，那它们是怎样交流的呢？其实，昆虫交流的方式非常多。它们可以通过"唱歌"、"跳舞"、散发气味以及发光等方式来传递信息、交流感情。例如：蟋蟀、蝉、蝈蝈等昆虫可以通过"歌声"来沟通；飞蛾、蚂蚁等昆虫可以通过身体释放的气味与同伴联系；蜜蜂可以用独特的舞姿向伙伴们传递信息……

昆虫有"耳朵"吗？

　　昆虫的身体非常小，这让我们很难看清它们的五官。仔细看，很多昆虫的脑袋光秃秃的，它们没有"耳朵"吗？不是的，只不过昆虫的"耳朵"和人类的耳朵不一样，而且不同昆虫的"耳朵"生长的位置也不同。比如：蟋蟀的"耳朵"长在前足胫节上；蝗虫的"耳朵"长在腹部……

为什么昆虫的脑袋上长着触角？

所有昆虫头上都长着一对触角，只不过有的长、有的短，有的粗、有的细。这些触角虽然看起来不起眼，作用却非常大。触角是昆虫重要的感觉器官，不同种类的昆虫，触角的作用也不同：蝴蝶可以用触角分辨气味；蚂蚁可以用触角进行交流。因此，触角对昆虫来说至关重要。

昆虫会辨别颜色吗?

我们通过眼睛可以看到五彩缤纷的世界。可在昆虫的眼里,这个世界很单调。因为眼部结构特殊,大多数昆虫能分辨的颜色有限。比如:蚊子、家蝇只能够辨认出几种颜色。

昆虫怎样呼吸呢？

常常有小朋友好奇地问："昆虫会呼吸吗？"当然啦！植物都需要呼吸，更何况动物。昆虫的气门在胸部和腹部两侧。比如：蝗虫的胸部有两对气门，腹部有八对气门。昆虫吸气时，空气会从气门进入昆虫的身体。

昆虫的食物有哪些？

昆虫的食物可丰富啦！有的昆虫喜欢吃肉，靠捕食其他小动物为生，比如螳螂；有的昆虫是"素食主义者"，爱吃植物，比如天牛；也有一些昆虫比较"重口味"，喜欢吃腐烂的东西。

昆虫会睡觉吗？

昆虫也有累的时候，也需要睡觉。只是，它们的睡眠习惯各不相同。有些在白天活动的昆虫，会和人类一样在晚上睡觉；而有些喜欢在夜晚活动的昆虫，就会在白天睡觉。等到了寒冷的冬天，大部分昆虫会钻入地下、树洞或草堆中，睡一个长长的觉，进行冬眠。等到第二年春天，天气渐渐暖和，它们才会醒过来，继续开心地生活。

什么是复眼？

和人类的眼睛不同，复眼是甲壳类、昆虫类及其他少数节肢动物的光感受器，能感受物体的形状、大小，并可辨别颜色。昆虫的复眼是由许多小眼组成的。不同的昆虫，小眼的数量也不同。

智慧多多

蜻蜓的复眼非常发达,是由很多小眼组成的。蜻蜓看东西时头不需要上下左右地动来动去就能看到周围的东西。

蝴蝶飞行时为什么静悄悄的？

很多昆虫飞行时会发出声音，为什么蝴蝶飞行时我们却听不到声音呢？这是因为人耳所能感知的声音频率范围是 20 ~ 20000 赫兹，而蝴蝶翅膀振动时发出的声音非常小，连 10 赫兹都不到。因此，并不是蝴蝶飞行时没有声音，而是我们的耳朵根本听不到这种轻微的声音。

昆虫是怎样"唱歌"的?

夏天来了,树上的蝉唱起了歌;草丛中、墙根处的蟋蟀也唱起了歌。它们是怎样"唱歌"的呢?蝉、蟋蟀等昆虫是靠身体某一部位的摩擦或振动来"发声"的。比如:雄性蟋蟀和蝈蝈通过翅膀的摩擦来"歌唱"。仔细想想:你听过几种昆虫的"歌声"呢?

昆虫用什么办法保护自己？

自然界总是危机四伏，昆虫同样有自己的天敌。为了保护自己，它们真是想尽了办法。除了装死，有的昆虫还学会了伪装。比如：兰花螳螂能随着花色的深浅调整自己身体的颜色，趴在兰花上很难被发现。有的昆虫会用跳跃的方式躲避危险，比如跳蚤。有的昆虫更聪明，会和其他种类的昆虫团结在一起，共同御敌。总之，昆虫自保的方法真是五花八门！

智慧多多

菜青虫是装死的高手。当你碰触它时,它会将身体缩成一团,然后滚落到地上,一动不动。

怎样分辨昆虫是不是真的死了?

有时候,小昆虫非常狡猾,会装死来骗大家。那么,我们有没有办法分辨出昆虫是装死还是真死呢?其实很简单,我们用一根小木棒轻轻地碰一碰小昆虫。如果昆虫像块小石头一样团在一起,肌肉紧绷着,那它很可能是在装死。

昆虫可以吃吗？

别看昆虫长得怪怪的、小小的，有些还是非常不错的美食呢！昆虫体内含有非常丰富的蛋白质和其他营养物质，这些营养物质对我们的身体大有好处。有一种生活在干枯树木中的虫子，吃起来有香香的花生酱的味道。在泰国，油炸蟋蟀、蚂蚱、蚕蛹等是十分受欢迎的小吃。当然啦，吃昆虫也是需要勇气的！

昆虫在冬天为什么要"休眠"?

冬天到了,天气越来越冷,我们穿上了厚厚的衣服。这时,很多昆虫也不见了,难道它们被冻死了?其实,当环境条件对昆虫不利时,它们就会"休眠"。在这段时期内,昆虫的代谢、运动能力以及取食能力都会下降。因此,昆虫并不是被冻死了,而是跑去"休眠"了。

天气会热会冷，小昆虫可怎么办？

天气热了，我们会躲在空调房；天气冷了，我们会穿上厚厚的衣服取暖。可是，昆虫就没有这么幸福了。它们没有空调房来避暑，也没有暖和的衣服用来御寒。为了适应气温变化，它们只得另想办法。有些昆虫会钻到树干里躲避严寒；还有些昆虫会爬到生长在向阳背风处的植物的幼芽上越冬。昆虫为了生活，也得各想奇招呀！

为什么蜜蜂喜欢在花丛中飞舞?

我们时常会在花丛中看到一只只蜜蜂飞来飞去,它们是在玩耍吗?其实,蜜蜂是在忙碌地寻找和采集花粉,然后把花粉带回蜂巢酿制花蜜。我们吃的蜂蜜就是这些小家伙辛勤工作得来的。

蜜蜂飞行时为什么会发出"嗡嗡"的声音？

蜜蜂飞行的时候总会发出"嗡嗡"的声音，这是为什么呢？其实，这种声音并不是从蜜蜂的嘴巴里发出来的，而是它们飞行时扇动翅膀发出的。蜜蜂飞行的时候，翅膀扇动的频率非常快，与周围的空气形成了共振，进而发出了声音。因此，我们会听到飞行的蜜蜂发出"嗡嗡"的响声。

蜜蜂喜欢什么花？

并不是所有的花都能吸引蜜蜂的注意，花香、花形、花色都是蜜蜂选择花的标准。花香很重要，蜜蜂喜欢气味香香的花。在花形上，蜜蜂更喜欢左右对称的大花。另外，蜜蜂更加青睐蓝色和黄色的花，其次是紫色和白色的花。蜜蜂是"红色盲"，所以它们对红花不敏感。

花粉被蜜蜂采走了,那花儿会不会死呢?

蜜蜂把花粉采走了,花会不会死呢?当然不会啦。其实,蜜蜂采花粉对花不仅没有害处,还有很大的好处呢!蜜蜂采蜜也是在给花授粉。大部分花分雌花和雄花,要想结出果实,雌花就要接受雄花的花粉,但雌花不能自己移动到雄花那里,只有靠小蜜蜂帮忙啦!

蜜蜂为什么要蜇人？

小朋友总觉得蜜蜂很可怕，因为它们会蜇人。其实，蜜蜂并不是你想的那样坏。一般情况下，蜜蜂只有感觉受到威胁或有危险时才会主动蜇人。只要你不激怒它们，它们是不会伤害你的。蜜蜂蜇人的毒针长在腹部的最末端，毒针的尖端就像小钩子，尾端则与毒腺和内脏器官相连。蜜蜂蜇人时，毒针的小钩子会钩住人的皮肤，无法脱离，拉扯之下内脏都会被拽出来，这样蜜蜂也就没命了！因此，我们要善待蜜蜂。

智慧多多

蜜蜂是酿造蜂蜜的高手。它们把采集来的花蜜带回蜂巢，然后一次又一次地吸入、吐出，经过无数次这样的过程，美味的蜂蜜就酿成了。

蜻蜓为什么被称为"飞行家"?

蜻蜓不仅是捕虫高手,还是非常厉害的"飞行家"。蜻蜓的身体非常轻盈,翅膀又长又轻,可以很轻松地飞起来。在飞行的过程中,蜻蜓还可以做很多动作,翻转、垂直升降、倒飞、悬停……样样出色。不仅如此,蜻蜓飞行的速度也很快。怎么样,蜻蜓的飞行能力是不是很令人佩服啊?

为什么蜻蜓喜欢点水？

蜻蜓在水面上飞行时,喜欢边飞边点水。它们是在喝水吗?不是,其实它们是在产卵呢。蜻蜓的幼虫是在水中发育和成长的,所以蜻蜓会飞到有水的地方去产卵。当蜻蜓一下一下地点水时,它们的卵就排到水中去了。

蜻蜓会走路吗？

蜻蜓是飞行高手,那么它们会不会走路呢?事实上,蜻蜓是不会走路的。这是因为蜻蜓长时间在空中飞行,6只脚已经逐渐退化,变得又细又小,根本无法支撑起身体的重量来行走。

为什么早晨的蝴蝶看上去笨笨的？

小朋友，你有没有发现，总爱扇动着大翅膀飞来飞去的蝴蝶在早晨却飞得特别笨拙？这是为什么呢？原来，早晨空气湿度大，水汽比较多，蝴蝶的翅膀会沾上很多水分，变得笨重。蝴蝶拖动着沉重的翅膀飞行，自然显得吃力。

蝴蝶身上为什么有滑滑的"粉"？

你用手触摸蝴蝶就会发现手上会沾一层"粉"。为什么蝴蝶身上会有"粉"呢？它们也化妆吗？其实，蝴蝶身上的这种东西并不是粉，而是鳞片。蝴蝶的鳞片像鱼鳞似的一个挨一个地排列，组合在一起就形成美丽的"花衣服"。只不过这些鳞片非常非常小，看上去和粉似的。

智慧多多

蝴蝶一生会经历4个阶段：卵、幼虫、蛹和成虫。成虫就是我们看到的蝴蝶啦！

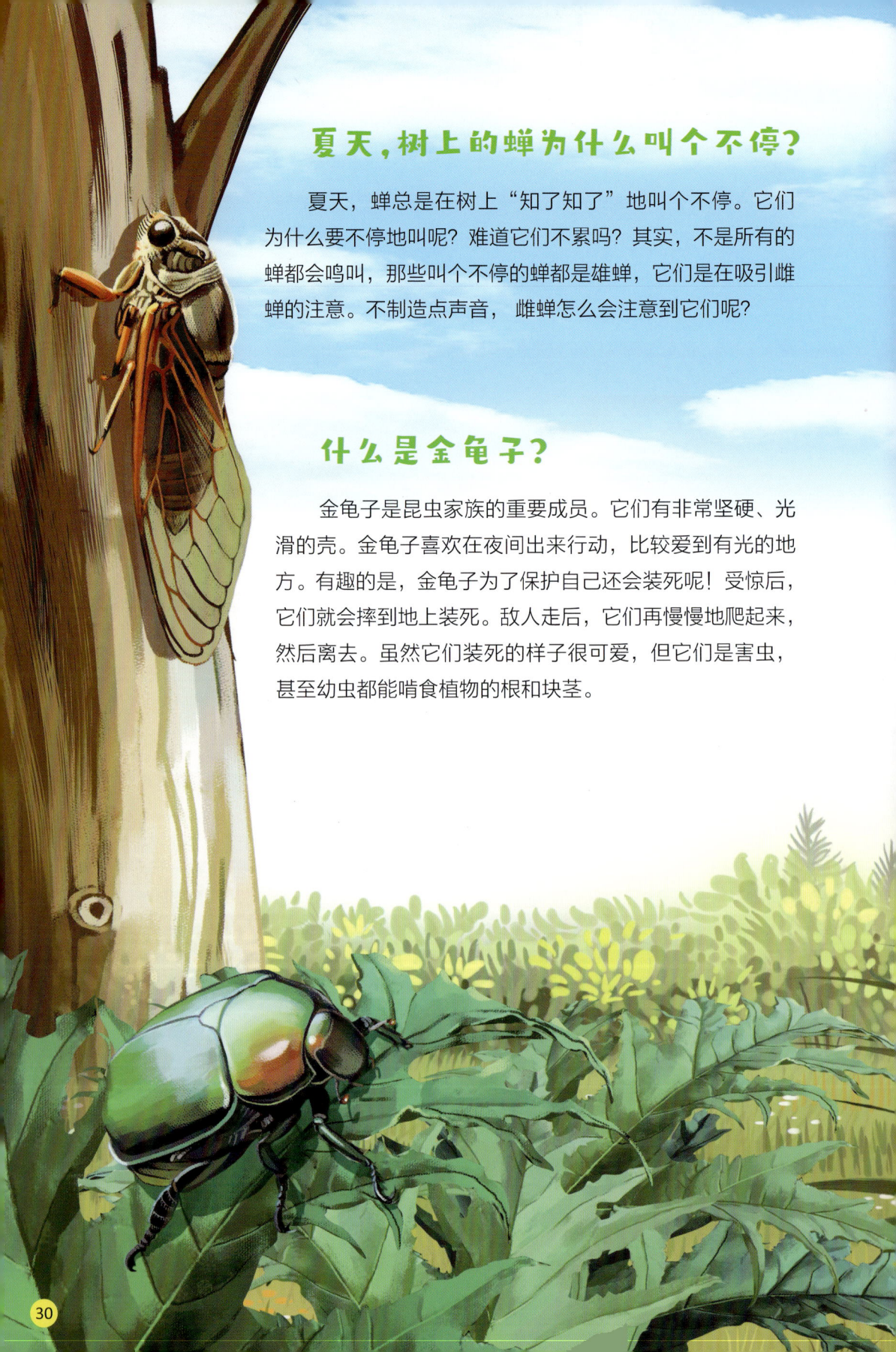

夏天，树上的蝉为什么叫个不停？

夏天，蝉总是在树上"知了知了"地叫个不停。它们为什么要不停地叫呢？难道它们不累吗？其实，不是所有的蝉都会鸣叫，那些叫个不停的蝉都是雄蝉，它们是在吸引雌蝉的注意。不制造点声音，雌蝉怎么会注意到它们呢？

什么是金龟子？

金龟子是昆虫家族的重要成员。它们有非常坚硬、光滑的壳。金龟子喜欢在夜间出来行动，比较爱到有光的地方。有趣的是，金龟子为了保护自己还会装死呢！受惊后，它们就会摔到地上装死。敌人走后，它们再慢慢地爬起来，然后离去。虽然它们装死的样子很可爱，但它们是害虫，甚至幼虫都能啃食植物的根和块茎。

蝉是不是害虫呢？

很多人说蝉是害虫，这是为什么呢？因为它们会破坏树木。夏天一到，蝉就会爬到树上，将自己的嘴巴伸进树干中吸食树的汁液。可怜的大树被蝉吸食，变得干巴巴的，有的甚至会干枯死去。

智慧多多

别看蝉的样子难看，它们可是非常有营养的食物，蛋白质含量很高。另外，蝉还含有丰富的脂肪和维生素。很多国家的人们将蝉奉为美食呢！

人类为什么要保护七星瓢虫？

你听说过蚜虫吗？蚜虫可是十足的"大坏蛋"，专门破坏田里的庄稼，糟蹋农民伯伯的劳动成果。不过，蚜虫也有天敌，那就是七星瓢虫。一只七星瓢虫成虫一天就能吃掉100多只蚜虫，非常了不起！因此，我们一定要保护七星瓢虫。

智慧多多

七星瓢虫这么小，万一有敌人来犯该怎么办？不用担心，七星瓢虫有自己的防御策略。它们的脚关节可以分泌出一种散发着臭味的黄色液体，这种液体就是退敌的秘密武器。

哪些瓢虫是害虫？

瓢虫家族非常庞大，除了我们熟悉的七星瓢虫，还有很多其他瓢虫。这些瓢虫有的是益虫，有的是害虫。茄二十八星瓢虫就是害虫，它喜欢吃蔬菜。七星瓢虫是益虫，能捕食蚜虫和壳虫。

"臭大姐"的名字是怎么来的？

夏天的时候，一种身体扁扁的小昆虫会突然飞进屋子里，人们习惯称它们为"臭大姐"。这么难听的名字是怎么来的呢？是因为它们很臭吗？事实确实如此。"臭大姐"会从身体里释放出非常难闻的气体，让人难以忍受，于是便有了这个不雅的名字。不过，这种臭气有时能让它们顺利躲过敌人的追捕。

天牛为什么被称为"锯树郎"?

　　天牛俗称"锯树郎"。"锯树郎"这个称呼可不是为了夸赞天牛能干。天牛的幼虫会蛀食树木枝干,这些大树表面上看还是好好的,可其实里面已经被小天牛蛀食了。因此,人们便称天牛为"锯树郎"。天牛为严重危害桑树、果树和森林树木的重要害虫。

为什么叶子虫被称为"伪装高手"？

很多动物为了生存练就了一身伪装的本领，其中叶子虫的伪装技巧便令人叫绝。叶子虫身体扁平，还有像树叶一样的纹理，停靠在树上时，与树叶十分相似。难怪敌人找不到它们。

蝗虫是害虫吗？

蝗虫的种类很多。中国有 700 余种蝗虫，如飞蝗、稻蝗、竹蝗等。蝗虫以植物为食，饭量很大，它很喜欢吃水稻、小麦等农作物，又善于跳跃，活动范围广，是重要的农林害虫。

智慧多多

青蛙和蝗虫都喜欢生活在沟渠等地方。不过，它们虽然是邻居，但青蛙以蝗虫为食，它们的邻里关系可不好。

苍蝇为什么只有一对翅膀？

大部分昆虫有两对翅膀，苍蝇也是昆虫家族中的一员，可是为什么却只有一对翅膀呢？原来，苍蝇的后翅经过退化逐渐变成了平衡棒。苍蝇在飞行的过程中有了平衡棒的帮助，可以更好地保持身体平衡，飞行自如。

苍蝇为什么能在光滑的玻璃上爬行？

玻璃表面十分光滑，可是苍蝇却可以牢牢地站在上面，甚至还能够自由地爬来爬去。这是为什么呢？答案就在苍蝇的脚上。苍蝇的爪垫有细毛并会分泌黏液，所以苍蝇可以在光滑的玻璃上爬行。

为什么不能吃苍蝇爬过的食物？

"宝贝儿，千万不能吃苍蝇爬过的东西呀！"妈妈总是这样对我们说。为什么不能吃苍蝇爬过的东西呢？这是因为苍蝇总是喜欢在非常脏的地方飞来飞去，身上会带有很多病菌。它们会将病菌留在爬过的食物上面。我们如果吃了这些食物，就容易生病。

苍蝇喜欢吃什么？

夏天，我们在野外用餐的时候，经常有苍蝇飞来飞去。苍蝇也喜欢吃人类的食物吗？苍蝇是杂食性动物，喜欢吃的东西有很多。苍蝇不仅能吃人类的食物，还会吃腐败的动植物、垃圾等，甚至还会吃人和禽畜的粪便。

蚊子吸血也有选择吗？

有的人很容易被蚊子叮咬，而有的人却很少被蚊子叮咬。这是为什么呢？原来，蚊子叮人也是有选择的。一般来说，大多数蚊子喜欢叮咬甜食爱好者和啤酒爱好者。此外，运动中的人往往会出汗、呼吸量加大、体温上升，这同样会引来蚊子的叮咬。

蚊子只吸食血液吗？

蚊子的种类有很多，目前已知有 3500 余种。不是每一只蚊子都会吸食血液的。雄蚊主要靠吸食花果液汁来生存，雌蚊才会吸食血液。

软软的毛毛虫怎么躲避敌人？

毛毛虫总是慢悠悠地爬着，看起来笨笨的，无法对抗强大的敌人。但是，毛毛虫也有很多保护自己的法宝呢！有的毛毛虫非常善于伪装自己，会伪装成树叶或树枝躲避敌人的视线；有的毛毛虫还能发出蛇一样的气味，这种"狐假虎威"的方法确实很管用。

为什么被桑毛虫蜇了会又痒又疼？

别看桑毛虫个子小，但如果不小心被它蜇到，我们就会感到又痒又疼。这是因为桑毛虫身上长有很多毒毛，这些毒毛中有毒液。当这些毒毛蜇进我们的皮肤时，毒液就会渗进皮肤，因此被蜇过的地方就会又痒又疼。

为什么要养蚕？

桑蚕也被称为"家蚕",以桑叶为主要饲料。养蚕起源于中国。我们为什么要养桑蚕呢?因为桑蚕成熟后会吐丝作茧。人们对蚕茧进行处理后就可以得到光洁柔软的蚕丝了。蚕丝可以用来制作美丽的丝绸呢!

为什么说竹节虫是"伪装大师"?

竹节虫绝对无愧于"伪装大师"这个称号。它的体色主要是绿色或褐色,形似竹节或树枝。竹节虫常常待在竹枝或树枝上,让自己完美地融入周围的环境。当微风吹来时,它们还会随风轻轻摆动呢。

竹节虫是怎么繁殖后代的?

竹节虫一般将卵产在树枝或地上,卵要经过 1~2 年的时间才能孵化。

与许多昆虫不同,竹节虫刚孵出来就已经长得很像成虫了。经过几次蜕皮后,这些小家伙就长大了。可惜的是,竹节虫长大后只能活 3~6 个月。

蚂蚁为什么不会迷路？

蚂蚁是非常聪明的小昆虫，外出时也不会迷路。有些蚂蚁行走时会分泌出一种信息素。回家时，它们沿着信息素的指引一点一点往前走，直到回到家中。如果我们把蚂蚁排出的信息素抹掉的话，它们可就惨喽！没有指引，很难找到自己的家，蚂蚁只能四处乱跑。

蚂蚁为什么不停地搬东西？

小朋友，我们如果仔细观察就会发现，蚂蚁特别爱排成一队搬东西。它们搬的是什么呢？告诉你呀，它们搬运的是食物。蚂蚁收集的食物多种多样，有米粒、小虫子的尸体……蚂蚁十分勤劳，只要发现食物，就会将其搬到巢穴中。要知道，蚁群成员太多了，要想养活一群蚂蚁绝不是容易的事情，因此它们要时刻保证粮食的供给。

蚂蚁窝那么黑,它们怎么生活呢?

蚂蚁窝建在地下,里面黑咕隆咚的,什么都看不清。它们是怎样在如此黑暗的地方生活的呢?不用担心,这可难不倒个子小但本领大的蚂蚁。虽然大部分蚂蚁的视力很差,但它们的触觉和嗅觉却非常灵敏。蚂蚁就是靠着这些本领在黑暗中畅行无阻的。

蚂蚁的触角有什么作用？

小朋友，虽然蚂蚁不会说话，但它们也有自己的交流方式。两只蚂蚁见面后，会相互碰碰触角，触角就是它们沟通交流的工具。此外，蚂蚁的触角还能辨别气味。它们每天能井然有序地忙碌，触角实在是功不可没。

智慧多多

蚂蚁一般喜欢把巢穴建在土壤里。蚁穴的排水性能和通风性能都非常好，比较适合蚁群共同居住。

蝈蝈吃什么？

小朋友，你知道吗？蝈蝈一点都不挑食。它们能吃的食物特别多。油菜、白菜等都是蝈蝈的美味佳肴。它们也会捕捉一些小昆虫来调剂口味。怎么样，它们是不是胃口很不错啊？

中华剑角蝗也会"隐身术"吗？

中华剑角蝗在全国大部分地区均有分布。它们虽然外表不起眼，隐身术却十分了得。它们那绿绿的"外衣"能与草丛很好地融合。敌人来犯时，这些家伙只要趴在草叶上一动不动，就可能躲过一劫。

智慧多多

中华剑角蝗特别爱吃植物，经常把玉米、水稻、谷子等农作物的叶子咬出很多小洞洞，因此它们也是害虫。

螳螂是如何捕食的？

螳螂的捕食本领可不一般。它们经常静静地躲藏在草丛里，举着两把"大刀"等待着。一旦猎物到达可以出击的范围，螳螂就用闪电般的速度挥动"大刀"展开进攻。可怜的猎物有时还没来得及看清凶手的样子，就成了螳螂的美餐。

螳螂什么时候才能长出翅膀?

别看螳螂经常潜伏在草丛里,不怎么飞翔,但如果仔细观察,你就会发现螳螂是有两对翅膀的。随着螳螂慢慢长大,它们会渐渐长出完整的翅膀。如果你看到一只螳螂长有完整的翅膀,那就说明这只螳螂成年了。

为什么说蟋蟀是一些蔬菜的"敌人"?

蟋蟀虽然"歌"唱得好,但人们对它们还是有很大的意见。这是因为蟋蟀会吃植物的茎叶、种实和根部。蟋蟀的牙齿非常锋利,可以轻松把茎咬断。不过,对于喜欢养蟋蟀、斗蟋蟀的人来说,它们就算不上坏家伙啦!

所有的蟋蟀都会"唱歌"吗?

我们经常听到蟋蟀的"演奏",那么你知道蟋蟀的"乐器"在哪儿吗?其实,蟋蟀的"乐器"在它们的翅膀上。蟋蟀的右翅与左翅摩擦,就能发出悦耳的声音。不过,并不是所有的蟋蟀都是"演奏家",雄蟋蟀善鸣,能"演奏乐曲"。

智慧多多

"屎壳郎"学名叫"蜣螂"。它们虽体形小，食量却很大，一天之内就可以吃掉很多食物。

"屎壳郎"为什么要滚粪球？

"屎壳郎"真是"邋遢大王"，竟然喜欢滚粪球！"屎壳郎"找到粪便后，就会跑过去开始滚来滚去，不一会儿就滚出粪球。接着，它们会像藏宝贝一样把粪球藏起来。粪球有什么用呢？告诉你吧，"屎壳郎"除了以粪球为食，还会把自己的卵产在粪球里。这样，"屎壳郎"宝宝出生后就不用担心吃不饱啦！

草原上的粪便哪里去了？

雨季时，草原植被茂盛，动物们的食物丰富起来。尤其对于大象这种食量惊人的动物来说，这更是一个难得的享用美食的机会。于是，草原上的粪便也猛增起来。不过不用担心，成千上万的"屎壳郎"会解决粪便的难题。它们会组成一支支清扫大军，将层层粪便一扫而光。

夜晚，为什么灯周围会有小虫飞来飞去？

夏天的晚上，当我们打开户外的灯时，很快会有很多小飞虫聚拢过来。这些小飞虫要干什么呢？其实，这和飞蛾扑火是一个道理。有些小飞虫是有趋光性的，非常喜欢发光的东西。它们看到亮光就会快速地冲过去，兴奋地围着灯飞来飞去。如果我们关了灯，它们就会毫不留恋地飞走。

孩子常问的500个为什么

奇妙的科学

吕昀珊　曲美霞 ● 主编

青岛出版集团　青岛出版社

目 录

汽车是谁发明的？/ 2
为什么汽车要"喝"汽油？/ 3
汽车轮胎上的花纹有什么用？/ 4
汽车车头两侧为什么要装小镜子？/ 5
碰碰车为什么不怕撞车呢？/ 6
撞车后，方向盘为什么有"气球"
　弹出来？/ 7
F1赛车为什么"趴"在地上？/ 8
安全带有什么用？/ 9
消防车为什么要穿"红衣服"？/ 10
警车为什么要鸣笛？/ 11
马路上为什么要画上斑马线？/ 12

谁发明了地铁？/ 14
地铁站台上为什么要设置安全线？/ 15
高速公路上为什么很少有路灯？/ 16
车辆在高速公路上行驶时，速度越快
　越好吗？/ 17
高速公路上为什么要设立服务区？/ 17
高速列车的车头为什么像子弹头？/ 18
火车的窗子为什么有两层玻璃？/ 19
船底为什么要刷特制的油漆？/ 20
抽油烟机是怎样"吃"油烟的？/ 22
饮水机为什么同时有凉水和热水？/ 24
吸尘器是怎样"吃"灰尘的？/ 25

电视机为什么听遥控器的话？/ 26
手机是怎样通话的？/ 28
电脑和人脑一样吗？/ 30
电脑为什么要配备鼠标？/ 31
为什么互联网很重要？/ 32
打印机为什么可以打出字？/ 34
铅笔为什么能够写出字来？/ 36
为什么我们可以用吸管把饮料
　　吸出来？/ 37

铅笔放进水里为什么会变成"两截"？/ 38
橡皮为什么可以擦掉铅笔字？/ 39
电灯泡为什么会发光？/ 40
钥匙为什么能把锁打开？/ 41
一直走路，钟表指针不累吗？/ 42
计算器为什么会算数？/ 43
电梯为什么能自由上升下落呢？/ 44

汽车是谁发明的？

　　马路上的汽车可真多，大的、小的、高的、矮的……看得人眼花缭乱。你知道汽车是谁发明的吗？一般认为，汽车是德国人卡尔·本茨发明的。卡尔·本茨也是奔驰汽车公司的创始人之一。1885年，他制造出世界上第一辆由内燃机驱动的三轮汽车，并于1886年获得了汽车发明专利。

为什么汽车要"喝"汽油?

没有粮食,人类就无法生活。同样,汽车也需要"粮食",它们的"粮食"便是汽油。如果没有汽油,汽车的发动机就无法正常工作。发动机不工作,就不能为汽车提供动力,汽车也就开动不起来了。现在,一些新能源电动汽车是靠电力来驱动的,不用加汽油了。

汽车轮胎上的花纹有什么用？

汽车的轮胎上大都有花纹，这种设计难道只是为了让轮胎更加漂亮吗？当然不是。这种设计主要是为了增大轮胎与路面间的摩擦力，防止车轮打滑，避免发生交通事故。

智慧多多

橡胶具有优良的绝缘性、隔水性及回弹性，是制造轮胎的主要材料。不过，天然橡胶产量有限，现在人们制造轮胎多使用合成橡胶。

汽车车头两侧为什么要装小镜子？

你有没有注意过汽车车头两侧的小镜子呢？它们看起来就像汽车的一对耳朵。不过，它们不是用来听声音的，而是专门用来观察车辆后方和侧方的情况的。司机在开车时，不仅要注意观察前方的情况，也要掌握后方和侧方的道路情况，这样才能保证行驶安全。如果没有这对小镜子，司机在变更车道或拐弯时看不到后方和侧方的路况，就容易发生交通事故。

碰碰车为什么不怕撞车呢？

你玩过碰碰车吗？你知道为什么碰碰车不怕撞车吗？这是因为碰碰车的车身四周有一圈气垫。这圈气垫就像安全气囊一样，能让相撞的碰碰车缓缓弹开。那些危险的冲击力大部分被气垫"吃掉"了，所以碰碰车在相撞时不会那么危险。而且，碰碰车底盘较低，如果不是遇上强烈的撞击，一般不会翻车。另外，碰碰车的速度不是特别快，所以人们就不必担心碰碰车会发生"车祸"啦！

撞车后，方向盘为什么有"气球"弹出来？

当汽车受到一定强度的撞击时，在方向盘的位置会有一个"气球"飞快地弹出来。这样司机就会撞在柔软的气球上，而不会被硬硬的方向盘、挡风玻璃伤害了。这个"气球"有个专业的名字叫作"安全气囊"。在车子发生碰撞或紧急制动时，汽车中的传感系统会感应到，然后迅速地发出指令，充气系统接收指令后会快速地作出反应，给安全气囊充气，安全气囊就弹出来了。

F1赛车为什么"趴"在地上？

　　F1赛车的底盘很低，整个车身就像趴在地上似的。为什么要这样设计呢？F1赛车比的就是速度，为了赢得胜利，赛车手在转弯时会尽可能少减速。如果赛车的底盘较高，那么赛车在拐弯时可能会发生侧翻。为了保证赛车的速度和赛车手的安全，赛车的重心要尽可能压低。所以，经过一次次的改装与试验，F1赛车就变成现在这种造型啦！

智慧多多

　　F1赛车的驾驶舱很小，赛车手进入车子之前，要先将方向盘卸下来。

安全带有什么用？

当汽车发生碰撞或突发制动时，车里的人身体会不由自主地向前冲去，这时安全带会紧急收紧，将人们拉紧并束缚在座椅上。如果不系安全带，人们就容易撞在方向盘或挡风玻璃上，十分危险。所以，不管是司机还是乘客，都要系好安全带哟！

消防车为什么要穿"红衣服"?

如果某个地方发生火灾或其他紧急情况,消防员就必须立即乘坐消防车赶去救援。消防车的红色车身非常显眼,即使是在大雾弥漫、沙尘飞扬、狂风暴雨的环境中,人们也能远远地看见消防车,马上给它们让路。这样一来,消防车就能尽快赶到救援现场。

智慧多多

有的消防车背后背着梯子,这种消防车叫"云梯消防车"。云梯消防车设有液压升高平台,可以帮助消防员尽快登高执行消防任务。

警车为什么要鸣笛？

警车鸣笛能提醒车辆和行人给警车让路，以便警察尽快赶到案发现场。警笛声还会震慑罪犯，让罪犯停止犯罪行为，以减少人们的损失。另外，警笛声还能警示路人，注意自身生命财产安全。

马路上为什么要画上斑马线？

人行横道又叫"斑马线"，是重要的道路交通标志。斑马线非常醒目，司机很远就能看见，会提前减速慢行，注意避让行人。人们如果过马路不走斑马线的话，很可能会被突然驶来的车撞到，非常危险。所以，为了行人的安全，也为了规范交通秩序，人们在马路上画上了斑马线，并规定行人过马路时要走斑马线。

谁发明了地铁？

发明地铁的是一个叫查尔斯的英国人。在他生活的时代，伦敦城市发展非常迅速，道路变得拥挤不堪。为了缓解这种状况，伦敦政府四处征求意见。查尔斯偶然看见老鼠钻洞，便灵光一闪，想到了一个好主意：让车子在地下洞穴中奔跑。就这样，他组织施工队开始修建地铁。1863年，世界上第一条地铁在伦敦正式建成并投入运营。

地铁站台上为什么要设置安全线？

地铁前进时，会带动周围的空气流动。假如站台上的乘客离地铁很近，乘客周围就会产生一定的压强差。人离地铁越近或是车速越快，压强差就越大，人会不自觉地前倾，十分危险。所以，地铁站台上会设置醒目的安全线，以提醒乘客保持安全距离。为了更好地保证乘客安全，现在很多地铁站台上还安装了屏蔽门。

高速公路上为什么很少有路灯？

高速公路如果设置路灯，产生的一明一暗效果会对司机的驾驶造成影响，引起视觉疲劳，还容易让司机下意识丧失警惕性，不利于长时间专注驾驶。高速公路实行封闭化管理，一般禁止非机动车和行人进入，司机可以安心驾驶。另外，高速公路上有完善的反光标志系统，夜间只要司机打开车灯，这些反光标志系统就能发挥作用，起到实时引导的作用。

智慧多多

高速公路有时也会堵车，不过，千万不能随意占用应急车道！应急车道是给执行紧急任务的警车、消防车、救护车、工程救险车准备的。

车辆在高速公路上行驶时，速度越快越好吗？

在高速公路上，人们是不是想开多快就可以开多快呢？其实，高速公路上也是有速度限制的。例如：高速公路通常规定小型汽车的最高时速不能超过 120 千米。不过，既然是高速公路，车辆速度也不能太慢，否则也会受到相应的处罚。所以，在驶入高速公路时，一定要注意看限速牌。

高速公路上为什么要设立服务区？

在高速公路上，每隔一定的距离就会有一个服务区。服务区里通常会有停车场、加油站、公共卫生间、购物区、休息室、汽修厂等，有的还提供住宿和餐饮服务。人们可以在服务区休息，还可以修车、加油、吃饭、购物等。服务区为人们提供了便利，是高速公路上不可缺少的配套服务设施。

高速列车的车头为什么像子弹头？

你乘坐过高速列车吗？高速列车的车头尖尖的，看起来就像子弹头。为什么要把车头设计成这个样子呢？因为这种设计能有效地减少列车受到的空气阻力，提高列车的速度。

火车的窗子为什么有两层玻璃？

如果仔细观察的话，你就会发现，火车的车窗玻璃是双层的。使用这种双层中空玻璃主要有以下原因：第一，火车高速行驶时，会带来很强的风，单层玻璃不足以阻挡强风，双层玻璃可以有效隔绝风尘；第二，双层中空玻璃可以起到保温隔热的作用，使车厢内保持相对稳定的温度，降低空调的能耗。另外，火车运行的时候噪音较大，双层玻璃会隔绝一部分的噪音。

船底为什么要刷特制的油漆？

在航行时，船的底部一直浸在水中。为了保护好船底，人们会在船底刷上特制的油漆。这种油漆会形成防腐蚀和防氧化的保护层，降低船体腐蚀和氧化的速度，延长船体的使用寿命。另外，水中一些生物会附着在船底，降低船速，增加燃料消耗，还会腐蚀船底。刷特制的漆可以在船底形成一层光滑的防污膜，减少生物的附着。

智慧多多

船底漆有多种颜色,如今比较常见的有红色、黑色和棕色等。

抽油烟机是怎样"吃"油烟的？

人们炒菜的时候一般会打开抽油烟机，将油烟吸走。为什么抽油烟机能吸走油烟呢？抽油烟机工作时，内部的风轮高速旋转，使炉灶上方一定的空间范围内形成负压区，这样室内的油烟气体便被吸入抽油烟机内。

饮水机为什么同时有凉水和热水？

饮水机通常有两个水龙头，一个出热水，另一个出凉水。这是怎么做到的呢？原来，饮水机中有个加热器，它能将少部分的水瞬间加热到一定的温度。也就是说，饮水机里出来的热水可不是提前加热好倒进去的。如果你要接凉水，那么水就不会从加热器经过；如果你接热水，水就会流进加热器。但是，当你接了一会儿热水之后，加热器制造热水的速度就跟不上了，所以我们要等一下才能有热水喝。

吸尘器是怎样"吃"灰尘的？

其实吸尘器的工作原理并不复杂。吸尘器通电后，电动机带动风叶高速旋转，使吸尘器内部气压降低，与外界产生压力差，形成空气吸力。此时，吸尘器会通过吸尘头和软管将外部的空气吸入其中。于是，那些细小的灰尘也就跟着空气被"吃"进去了。

电视机为什么听遥控器的话？

电视机的遥控器上有一个红外线发射器。当我们按下遥控器上任意一个按键时，就是在发布一个命令，这个命令会通过红外线发射到电视机上。电视机接收到命令，就会马上执行。有了遥控器，我们看电视时切换节目就更方便啦！

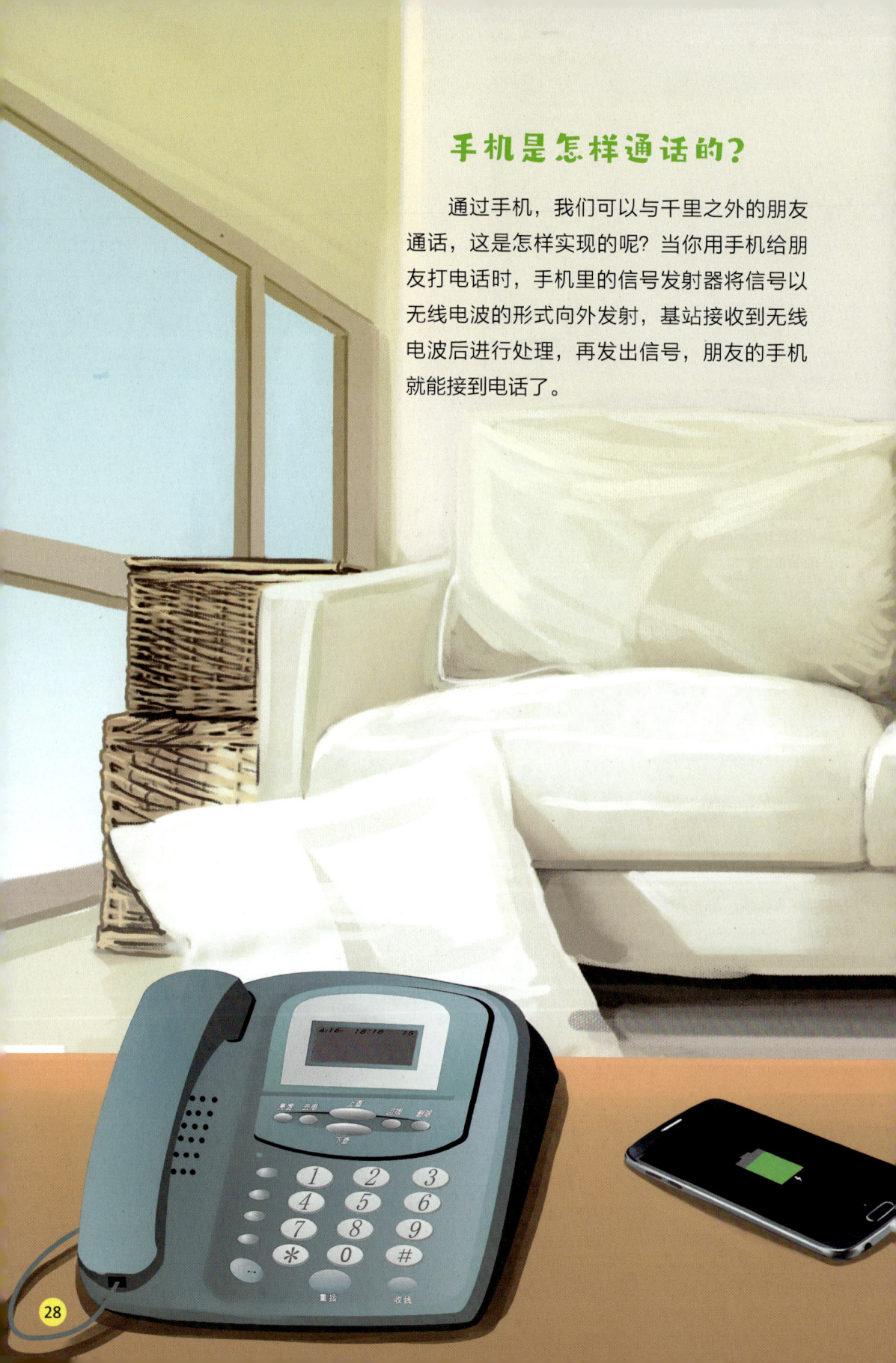

手机是怎样通话的？

通过手机，我们可以与千里之外的朋友通话，这是怎样实现的呢？当你用手机给朋友打电话时，手机里的信号发射器将信号以无线电波的形式向外发射，基站接收到无线电波后进行处理，再发出信号，朋友的手机就能接到电话了。

电脑和人脑一样吗?

"电脑"是计算机的俗称。电脑能够进行精密的运算,还拥有存储记忆的功能。既然电脑这么了不起,那是不是说电脑和人脑一样厉害呢?当然不是。电脑虽然非常聪明,但需要人的指令才能工作,而我们的大脑是能够独立思考的。所以说,电脑和人脑从本质上讲就是不一样的。

电脑为什么要配备鼠标？

鼠标是我们使用电脑时非常重要的输入设备。移动鼠标时，鼠标下面的光束会感知移动的位置，然后将信号传达给电脑。在没有鼠标之前，移动光标主要靠键盘上的方向键来完成。鼠标的出现给人们带来了很大的便利。

为什么互联网很重要？

互联网把不同地区的电脑联系在一起，使世界变成了一张"大网"。通过这张"大网"，我们可以与地球另一端的亲人、朋友联系，查阅各种学习资料，在线购买商品等，真是方便又快捷。现在，我们的工作、学习和生活，都与互联网有密切的联系。

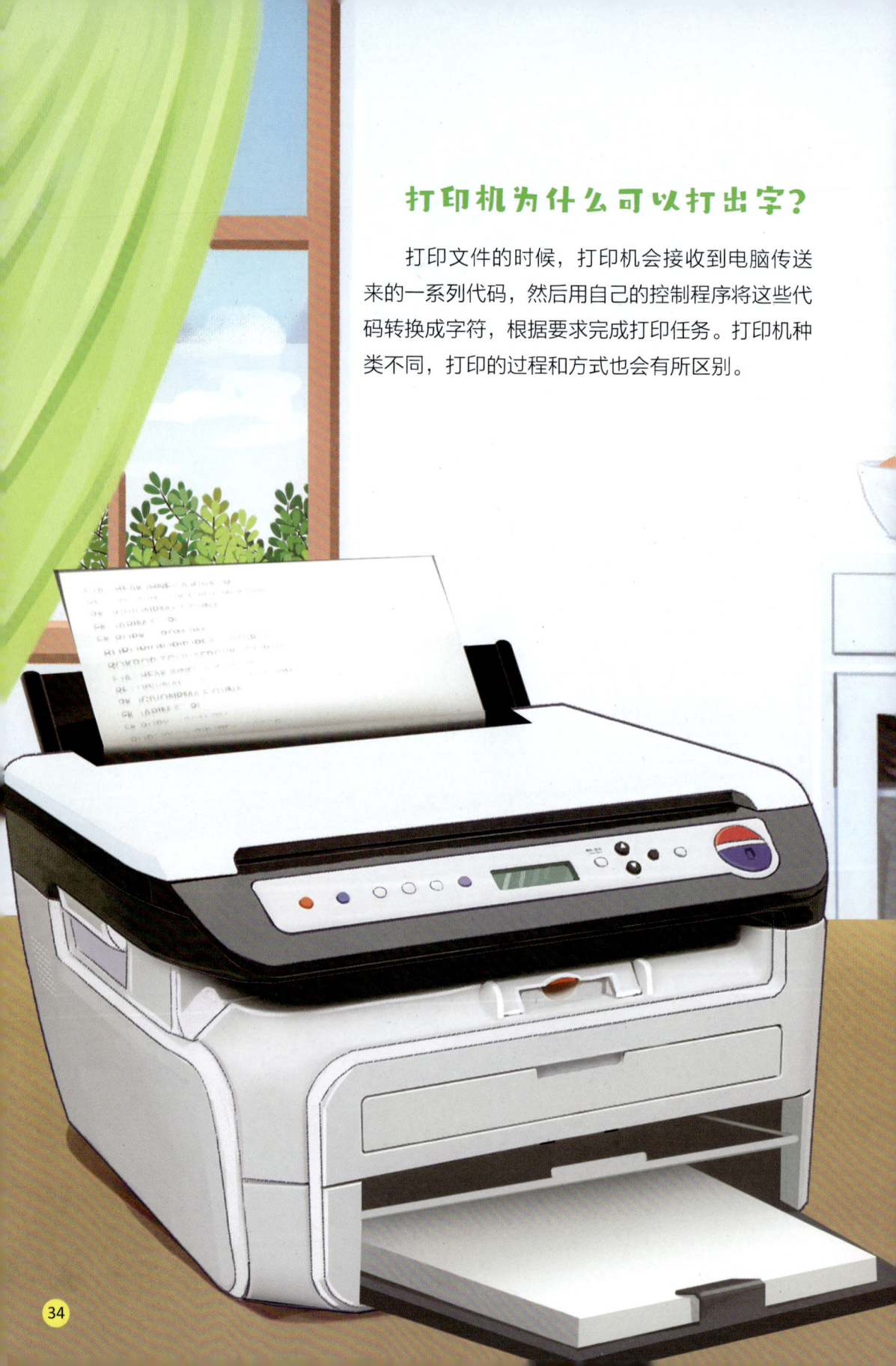

打印机为什么可以打出字?

打印文件的时候,打印机会接收到电脑传送来的一系列代码,然后用自己的控制程序将这些代码转换成字符,根据要求完成打印任务。打印机种类不同,打印的过程和方式也会有所区别。

铅笔为什么能够写出字来？

铅笔芯中含有石墨，石墨是一种比较柔软的物质，而且比较滑腻。石墨的内部结构不那么团结，很容易分开，只要稍微用些力，它们就会在纤维质的纸张上留下痕迹。我们看到的字迹就是这一现象的"杰作"。

为什么我们可以用吸管把饮料吸出来？

吸管只不过是中空的管子，却能帮助我们将饮料吸到嘴里，这是怎么回事呢？在我们吸气的时候，吸管当中的空气就进入我们的嘴里。这时，吸管里面的空气压力便会小于外面的空气压力，饮料就会被压进吸管里，我们就能喝到美味的饮料啦！

铅笔放进水里为什么会变成"两截"?

很多小朋友玩过这样的游戏:将铅笔插到装满水的杯子中,从外面看去,铅笔好像断成"两截"了。其实,这是一种光学现象。光在同种均匀介质中是沿着直线传播的,但是,水和空气不是同一种物质,光线进入水中会改变方向。这样在我们看来,铅笔就好像变成了两截,实际上这是光线折射出的虚像。

橡皮为什么可以擦掉铅笔字？

用铅笔写错字的时候，我们会想到用橡皮擦掉。橡皮是怎么做到的呢？橡皮是用橡胶制成的，橡胶分子和其他物质分子之间很容易发生摩擦作用，加上橡胶质地柔软，还有许多微孔结构，所以它们比纸更易吸附已经脱落下来的石墨碎屑。橡皮蹭过纸面时，它们和纸面的摩擦力会破坏铅笔留下的石墨碎片和纸面之间的吸附力，这些碎片和橡胶分子结合在一起后，字迹就被擦掉了。

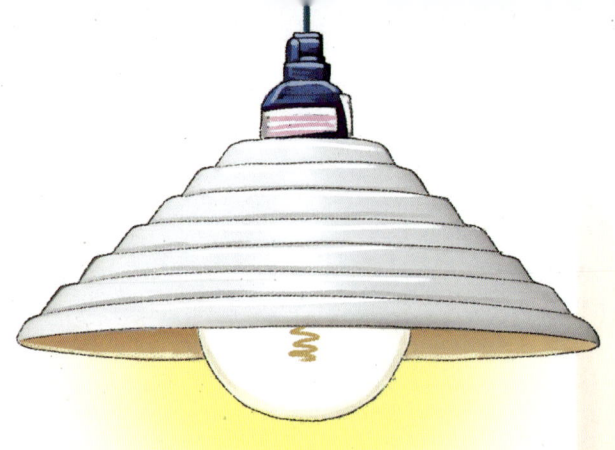

电灯泡为什么会发光?

电灯泡发光的秘密就藏在它们的灯丝上。要知道,爱迪生为了寻找合适的灯丝,可是试验了上千种材料呢!灯泡的灯丝是钨丝,这种金属在通电之后可以将电能转化成热能,同时会发光。不过,电灯泡长时间照明后,会变得非常热,所以不能用手去触摸,否则很容易被烫伤。

钥匙为什么能把锁打开？

钥匙和锁可是"黄金搭档"。为什么钥匙可以开锁呢？锁的构造比较特别，内部有一排圆形的销钉。当把与锁匹配的钥匙插进锁孔的时候，钥匙上的锯齿就会和销钉对齐，形成一条直线，这样钥匙就能来回拧动，进而将锁打开。如果钥匙和销钉对不齐，那么就无法拧动，锁也就无法打开了。

一直走路，钟表指针不累吗？

钟表指针可以算是"劳动模范"了，每时每刻都在行走。我们不用担心它们会累。只要有足够的动力，钟表指针就不会停下来。钟表的动力来源可以是电池，也可以是发条等。电池、发条等都会将自身的能量转化成表针行动的能量，让表针一直"运动"。但是，如果停止供给能量的话，那表针就不走啦！

计算器为什么会算数？

计算器是常见的运算工具，由运算器、控制器、键盘、显示器和存储器几部分构成。运算器中存储了计算的方法，当我们输入要计算的数字后，计算器就像套用公式一样进行计算，结果很快就出来了。

电梯为什么能自由上升下落呢？

当我们要去高楼层时，爬楼梯会非常辛苦，有了电梯就方便多了。电梯主要由曳引机、导轨、对重装置、安全装置、信号操纵系统、轿厢等组成。当我们按出想要去的楼层后，电动机接到指令，便驱动曳引轮使轿厢升降。我们也不必担心轿厢会掉下来，因为钢丝绳的另一端有对重装置。

图书在版编目（CIP）数据

孩子常问的500个为什么.3,奇妙的科学/吕昀珊,曲美霞主编.—青岛：青岛出版社,2024.1

ISBN 978-7-5736-1739-2

Ⅰ.①孩… Ⅱ.①吕… ②曲… Ⅲ.①科学知识—儿童读物 Ⅳ.① Z228.1

中国国家版本馆 CIP 数据核字（2023）第 247101 号

HAIZI CHANG WEN DE 500 GE WEI SHENME（QIMIAO DE KEXUE）

书　　名	孩子常问的500个为什么（奇妙的科学）
策　　划	央美阳光
主　　编	吕昀珊　曲美霞
出版发行	青岛出版社（青岛市崂山区海尔路182号）
本社网址	http://www.qdpub.com
责任编辑	周静静
制　　版	青岛艺鑫制版印刷有限公司
印　　刷	青岛新华印刷有限公司
出版日期	2024年1月第1版　2024年1月第1次印刷
开　　本	16开（710mm×1000mm）
印　　张	21.5
字　　数	215千
书　　号	ISBN 978-7-5736-1739-2
定　　价	158.00元（全6册）

编校印装质量、盗版监督服务电话　400-653-2017　0532-68068050

孩子常问的 500 个为什么

多彩的植物

吕昀珊　曲美霞 ● 主编

青岛出版集团 ｜ 青岛出版社

目 录

人类为什么离不开植物？/ 2
植物的叶子为什么是绿色的？/ 3
为什么颜色艳丽的花儿香气却很淡？/ 5
花儿为什么能发出香气？/ 5
牵牛花为什么在早晨开放？/ 7
为什么夏天的中午不能浇花？/ 7
为什么废弃的屋顶上会长出小草？/ 8
为什么说草类家族不全是"小个子"？/ 9
为什么蒲公英的种子毛茸茸的？/ 10
为什么有的植物种子喜欢粘在人和动物
　的身上？/ 11
为什么仙人掌全身长满了刺 / 12
骆驼刺为什么能在沙漠里生存？/ 13
为什么向日葵喜欢跟着太阳走？/ 14
百里香为什么能在干旱的环境中
　生存？/ 15

猪笼草用什么捕捉昆虫？/ 16
竹子为什么长得特别快？/ 18
竹笋是竹子的根吗？/ 19
荷叶为什么总是一尘不染？/ 20
莲藕里面为什么有很多小孔？/ 21
为什么紫茉莉被称为"晚饭花"？/ 22
玫瑰花为什么会长刺？/ 23
藤萝为什么能"杀死"树木？/ 25
为什么爬山虎能沿着墙向上爬？/ 26
水仙为什么能在水里生长开花？/ 27
什么花臭臭的？/ 28
蜡梅为什么在冬天开花？/ 29
为什么树木大都比草高？/ 30
年轮是怎样长出来的？/ 31
炎热的夏天，为什么树荫下比较
　凉爽？/ 32
树叶为什么会凋落？/ 33
为什么叶子在秋天会变色？/ 34

为什么有的植物冬天也绿绿的？／35
植物也有血型吗？／35
为什么海边的植物很少？／36
什么植物能在海边"落户"？／36
为什么海边植物会向着大海生长？／37
热带雨林为什么被称为"地球的肺"？／38
热带雨林分布在哪里？／39
波巴布树为什么被称为"沙漠水塔"？／40
什么树的种子是世界上最大的？／41
铁桦树为什么很硬？／42
什么树是森林家园里的"巨人"？／42
巨杉是世界上最粗壮的树吗？／43
紫薇树为什么"怕痒痒"呢？／44
为什么灯笼树会发光？／46
树皮里黏黏的东西是什么？／46
果树为什么要经常修剪？／47
果实熟透后为什么会掉下来？／48

为什么茶树大都生长在南方？／49
油棕为什么被称为"世界油王"？／50
红树林里居住着哪些居民？／51
胡杨有什么特殊的生存本领？／52
为什么珙桐树被称为"鸽子树"？／53
什么是沙漠绿洲？／53
如果没有森林，人们的生活会发生哪些变化？／54

人类为什么离不开植物?

人类离不开植物。你知道这是为什么吗?植物能进行光合作用,吸收二氧化碳,释放氧气。不仅如此,植物还是包括人类在内很多动物的食物来源呢!人类呼吸、补充能量都离不开植物的帮忙。如果哪一天植物灭亡了,人类也就很有可能从地球上消失。所以,我们一定要爱护环境,爱护花草树木。

植物的叶子为什么是绿色的？

有的植物生长在原野中，有的植物生长在山谷里，有的植物生长在水中，有的植物生长在沙漠里。不管在哪里，它们的叶子大都是绿色的。这是因为植物的叶片里含有一种叫叶绿素的东西。当阳光照射到叶片上时，叶绿素会吸收光线中的蓝色、红色以及其他颜色的光，把绿色的光反射出去。这样我们看到的植物就是绿色的了。

智慧多多

世界上有许多种开花植物,但只有一部分植物有香味。有一部分植物的花儿并不香,有的花儿还很臭。

为什么颜色艳丽的花儿香气却很淡？

花儿依靠颜色和气味吸引昆虫传播花粉。有的昆虫闻着气味寻找花粉，有的昆虫喜欢在颜色艳丽的花儿上采集花蜜。一般来说，颜色艳丽的花香味比较淡，因为它们主要是靠颜色来吸引昆虫传播花粉，用不着挥发太多香味。但是，那些颜色不鲜艳、花瓣比较小的花就要使劲儿散发香气，因为只有这样才能吸引昆虫靠近，帮助它们授粉。

花儿为什么能发出香气？

花儿绽放的时候，大都会散发出香味。不要以为香味是从花蕊里散发出来的，其实真正能散发香味的是花瓣。花瓣含有一种油细胞，会分泌带有香味的芳香油。芳香油很容易挥发。当花儿开放时，芳香油就会从气孔或腺体散发出来，这样我们就能闻到花香了。不过，也有一些花儿不用这种方式散发香味，它们的细胞里面含有一种叫配糖体的物质，这种物质本身没有香味，可是一旦经过酶分解就能散发出香味来。

牵牛花为什么在早晨开放？

早上阳光柔和，空气湿润，牵牛花体内的水分很充足，于是一朵朵艳丽的花朵争相开放。可是到了中午，阳光越来越强烈，空气变得干燥起来，娇嫩的牵牛花因为缺少水分，就会悄悄地合上"小喇叭"。

为什么夏天的中午不能浇花？

夏天的中午往往酷热难耐。这时候，植物根系吸收的水分和叶片蒸发的水分差不多一样多。如果这时给植物浇水，土壤就会变得冰冷，根系因为温度突然下降，吸收水分的能力会马上减弱，而叶片的气孔仍然张开着，水分仍然被不停地蒸发，这样植物很容易因为缺水而死亡。所以，夏天的中午最好不要给植物浇水。

为什么废弃的屋顶上会长出小草？

生活在郊外或农村的小朋友一定会注意到，有些很长时间无人居住的房屋，屋顶上往往会长出小草。小草是怎么爬上屋顶的呢？原来，这是鸟儿帮的忙。鸟儿吃了小草的种子，飞到屋顶上休息，结果种子就随着鸟儿的粪便落在了屋顶上。如果屋顶长时间没人打扫，就会有尘土，再来点儿雨水的话，那么种子很容易生根发芽，长成小草。

为什么说草类家族不全是"小个子"？

跟随爸爸、妈妈去植物园玩耍，或者去野外郊游，你是不是觉得草儿们又矮又小呢？其实，草类家族也有许多"大个子"。瞧，竹子可以长到30米高呢！旅人蕉也毫不逊色，大部分能长到20多米。所以说，又高又大的草儿也是很多的。

为什么蒲公英的种子毛茸茸的？

蒲公英的花是由很多朵小花靠在一起组成的。蒲公英开花后，每朵小花会结出一粒种子，种子上面长着一簇毛茸茸的白毛，看起来就像撑着一把小伞。一阵风儿吹来，蒲公英的种子便撑着"小伞"纷纷飞向远方。

为什么有的植物种子喜欢粘在人和动物的身上？

有些植物的种子身上长满细细的刺，比如苍耳。这类种子很容易粘在动物的毛上或人们的衣裤上，从而被带到别的地方，完成家族的传播任务。如果生长环境较好，到了第二年春天，这些种子就会萌发新芽，长出新苗。

为什么仙人掌全身长满了刺？

在自然界中，大多数植物是用根系从土壤里吸收水分，满足生长的需要，而大部分水分会从叶片的气孔里蒸发掉。仙人掌生活的地方干旱少雨。为了保存身体里的水分，仙人掌只好把叶子变成一根根又尖又硬的刺，这样水分就很难被蒸发掉了。

骆驼刺为什么能在沙漠里生存？

和仙人掌不同，骆驼刺之所以能在沙漠中生存下来，是因为使用了"变身术"。瞧，骆驼刺长得又矮又小，这样需要的养分少，被蒸发掉的水分也少。再看看它的根系，真是太长了，深深地扎入土壤中，能吸收到更多养分和水分。当吸收的养分多于被消耗的养分时，骆驼刺就能顺利地活下来啦！

为什么向日葵喜欢跟着太阳走？

向日葵的茎部含有一种非常怕光的生长素。阳光照射时，这种生长素会跑到见不到阳光的一面，结果使得背光一侧的生长速度加快，向光一侧的生长速度减慢。这样，向日葵的茎干会失去平衡，便弯向了有阳光的一面。

百里香为什么能在干旱的环境中生存？

在辽阔的草原上，我们时常会发现百里香的身影，它们能散发出一种与众不同的香料味。草原气候比较干旱，为什么百里香能在这里生存下来呢？告诉你吧，百里香虽然是半灌木，但是个头比较矮，茎能沿着地面匍匐生长，上面的不定芽可以萌发出许多根系。这些不定芽的根在地下组成庞大的根系网，帮助百里香及时获得所需的养分。所以，根系就是它们的生存法宝。

猪笼草用什么捕捉昆虫？

猪笼草是一种喜欢吃肉的植物。在它们的叶片顶端长着像瓶子一样的东西，这种东西叫"捕虫笼"。猪笼草就是用捕虫笼设下陷阱来抓捕小昆虫的。

捕虫笼的口部和盖子能分泌出一种又香又甜的蜜腺，把四面八方的小昆虫引诱过来。昆虫来到笼口时，常常会一下子滑进笼里，这时笼盖会自动合上，不让它们逃出来。捕虫笼的底部是小小的"水池"，不过里面的水非常特殊，具有分解作用。过不了几天，落入陷阱的昆虫就会被统统消化掉，只剩下一个个空壳。

竹子为什么长得特别快?

有的小朋友或许知道,植物之所以能长高变粗,是因为其体内分生组织细胞能够不断分裂、增大、伸长。竹子的分生组织比较特别,不但分裂能力非常强,而且分布在每一节的下部。当周围环境变得温暖湿润时,这些分生组织就会促使竹子的每一节都迅速生长。也就是说,与其他植物相比,竹子是在以成倍的速度生长的。不过,和人一样,竹子长到一定程度也就不会再长高了。

竹笋是竹子的根吗？

当然不是。竹子的根又细又长，埋在地下，而竹笋只是竹子的小时候。竹笋慢慢长大，就变成竹子啦！

荷叶为什么总是一尘不染？

我们只要仔细观察就会发现，绿绿的荷叶总是特别干净。为什么会这样呢？难道荷叶有什么特异功能吗？事实的确如此。科学家研究发现，荷叶表面布满许多微小的乳突。这些乳突就像一个个小山包似的，"小山包"之间的凹陷部分充满空气。当豆大的水滴落下来时，"小山包"阻挡了水滴和荷叶的直接接触。于是，水滴就会在荷叶上滚来滚去，将脏脏的灰尘吸走。现在你知道荷叶为什么那么干净了吧？

莲藕里面为什么有很多小孔？

折断或切开莲藕，我们会发现里面有许多小孔。这些孔是从哪儿来的呢？原来，植物的生长离不开空气。可是，水底的泥沙中空气很少，所以生长在水中的植物总会想出独特的办法来吸收空气。

藕在身体里长出小孔，这些小孔是空气通道，专门负责将空气传给须根，须根再把空气输送到荷的全身。只有呼吸到充足的空气，荷才能健康地成长。

为什么紫茉莉被称为"晚饭花"?

漂亮的紫茉莉大多在傍晚到清晨这段时间开放。它们为什么会暮开朝合呢?紫茉莉喜欢温暖,但却抵挡不住强光。所以,白天它们总是紧紧闭合的样子。到了傍晚,阳光不那么强烈了,它们就会静静地开放。这时正巧是煮饭的时间,所以紫茉莉又被称为"晚饭花"。

玫瑰花为什么会长刺？

许多植物的枝条或茎上长着尖利的刺，其实这是植物为了适应生长环境而专门长出来的防御武器。漂亮的玫瑰身上长出刺，好像在警告食草动物："不要吃我呀！我的刺会把你们的嘴巴扎出大窟窿。"那些食草动物因为害怕被刺弄伤，只好去找别的食物。

藤萝为什么能"杀死"树木?

　　藤萝是一种缠绕藤本植物,喜欢攀缠在树木上生长,因为长得特别快,所以用不了几天就能把树木严严实实地包裹起来。随着树干越长越粗,藤蔓会越缠越紧,最终把树皮中用来输送养分的一条条"管子"切断。同时,藤萝茂盛的叶子还遮住了阳光,使得树木既无法从土壤中吸取养分,也无法从阳光中获得养分,最终渐渐枯死。

为什么爬山虎能沿着墙向上爬？

爬山虎没有脚，却能像壁虎一样在墙壁上爬行，这是为什么呢？原来，爬山虎的茎上长着一排排像刷子一样的短须，短须上长着吸盘，吸盘可以分泌出黏液。有了这样的"短须"，爬山虎就能紧紧地贴在墙壁上自由地爬行了。

水仙为什么能在水里生长开花？

植物不是都长在土壤里吗？为什么把水仙花放在水中，其根部不会腐烂，反而还长得那么健康呢？其实，奥秘就在水仙花的鳞茎里。

在水中养的水仙花，是从鳞茎发育而来的。不过，这种鳞茎非常特殊。培育水仙幼种的时候，人们把它种在沃土中，让它拼命吸足营养，然后把它从土壤中掘出、晾干，这样营养就储存了下来。鳞茎饱满充实，水仙就长得茂盛壮实，即使被种在水里，也能长出美丽的水仙花。

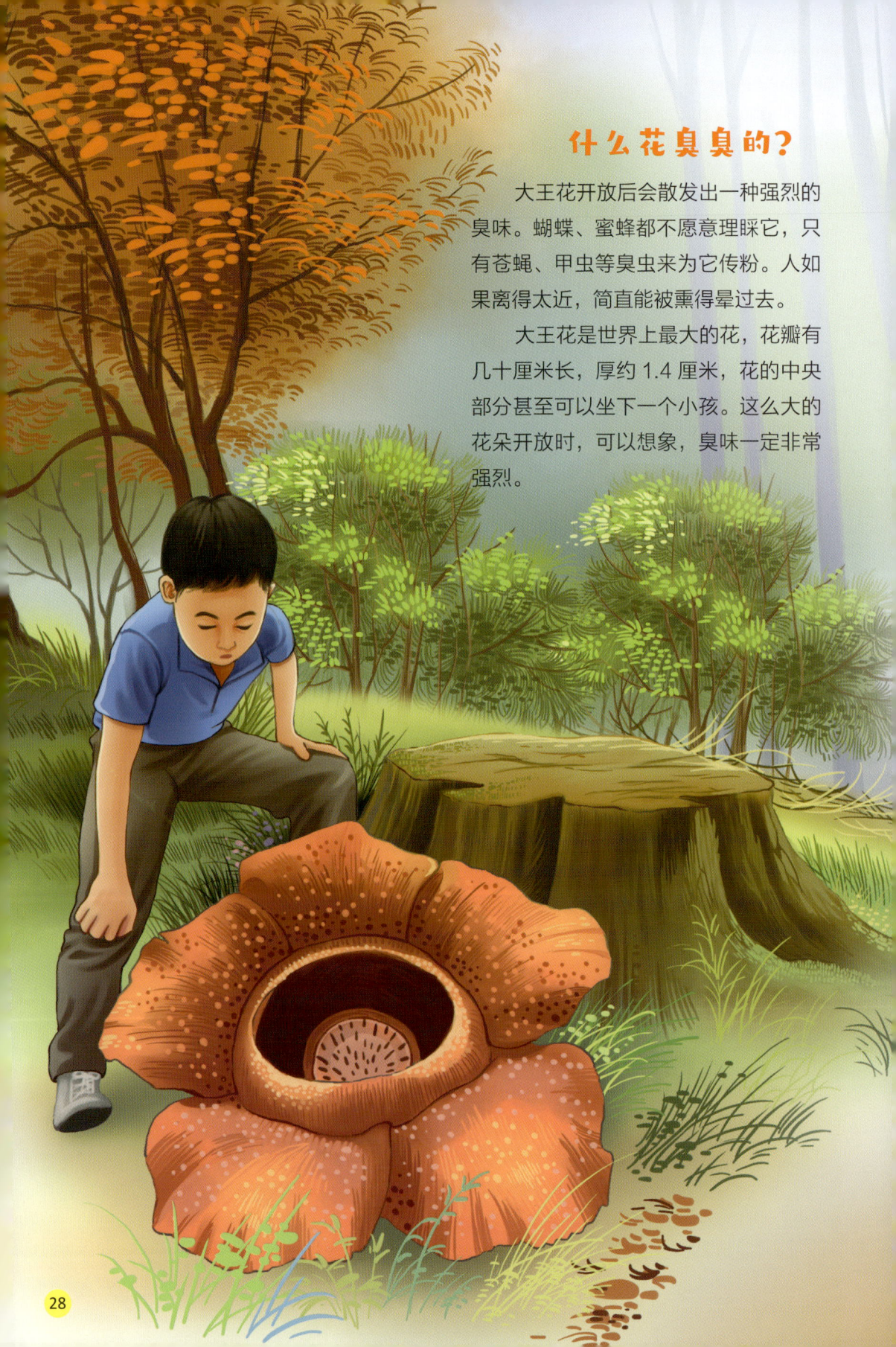

什么花臭臭的？

大王花开放后会散发出一种强烈的臭味。蝴蝶、蜜蜂都不愿意理睬它，只有苍蝇、甲虫等臭虫来为它传粉。人如果离得太近，简直能被熏得晕过去。

大王花是世界上最大的花，花瓣有几十厘米长，厚约1.4厘米，花的中央部分甚至可以坐下一个小孩。这么大的花朵开放时，可以想象，臭味一定非常强烈。

蜡梅为什么在冬天开花？

很多植物在春天和夏天开花，可是蜡梅却偏偏等到寒冷的冬天才会绽放，真是与众不同啊！其实，这是因为花儿们有不同的生长季节和开花习惯。比如蜡梅，它们不怕寒冷，0℃左右是最适合它们开花的温度，所以它们才会在冬天开放。

智慧多多

科学家研究发现，最长寿的百岁兰已经活了2000多年。另外，百岁兰还是世界上最耐旱的植物，据说即使5年不下雨，它们也能够在沙漠中生存。

为什么树木大都比草高？

树木的茎非常坚硬，可以承受很重的重量。它们不会被树冠压垮，一般也不容易被大风吹折，所以树木可以长得很高。草的茎非常柔弱，不能支撑太多的重量，所以草大多矮小，很少有比树高的。

年轮是怎样长出来的？

一些高大的树木被砍伐后，人们会看见茎干里有许多圈圈，这些圈圈就是年轮。年轮是树木在生长过程中受季节影响形成的，一年产生一圈。树木在温暖多雨的季节生长速度很快，细胞大、排列松，年轮颜色就比较浅；在寒冷少雨的季节，树木生长速度变慢，细胞小、排列紧密，颜色就比较深。这样一深一浅地排列起来，就形成了年轮。我们可以通过年轮判断植物某一年生长环境的好坏。

炎热的夏天,为什么树荫下比较凉爽?

夏天气温很高,人们总是喜欢坐到树荫下乘凉。这不仅是因为树冠可以挡住阳光,还因为在阳光的照射下,树叶叶片上的气孔打开,会不断地散发出水分,就像在洒水一样。蒸发出的水分会变成气体,在这个过程中,水分会吸收很多热量,这样周围空气的温度就会下降。所以,在树叶越茂盛的地方,人们就会感到越凉快。

树叶为什么会凋落？

秋天来了，日照时间一天天缩短，叶子无法吸收到足够的阳光，光合作用就会不断减少，直到中断。这样树叶就无法吸收到充足的养分。当输送养分的管道最终在每片叶子的根部关闭时，脆弱的叶子就会干枯、脱落。此时，强壮的树干和树枝开始进入休眠期，静静地"睡觉"去了。

为什么叶子在秋天会变色?

秋天到了,植物的叶子有的变成了红色,有的变成了黄色,还有的变成了褐色,远远望去,非常漂亮!那么,植物的叶子为什么会变色呢?这是因为植物的叶片里除了叶绿素,还含有胡萝卜素、类胡萝卜素、叶黄素等。秋天时,叶片里的叶绿素减少,其他色素增加,于是叶片的颜色就会变得多姿多彩。

为什么有的植物冬天也绿绿的?

寒冷的冬天来了,很多植物的叶子凋落了,但松树和柏树等植物却一直穿着"绿衣服",看起来一点儿也不怕冷。你知道这是为什么吗?告诉你吧,这些常绿植物的树叶非常特别,不仅小小的,而且叶面还有一层蜡质,这样叶子里的水分就不会被蒸发掉,所以它们在冬天也是绿绿的。

植物也有血型吗?

小朋友,我们的血液是有血型的。只要检测血液,就能知道自己的血型。植物虽然没有红色的血液,但是它们含有汁液。这些汁液有的是透明的,有的呈乳白色,有的与人体的血液一样为鲜红色……科学家研究之后发现,植物和人一样,也有A、B、O、AB型的"血型"。

为什么海边的植物很少？

植物想要茁壮地生长，就得在土壤中扎根，从而吸收水分和养分。可是，海岸边的土壤大部分由沙粒组成，沙粒很容易流动，无法贮藏水分、营养，不能满足植物的生长需要，所以海岸边的植物总是很少。

一些生长力很强的植物有时会从岸边钻出来，可是还没来得及生长，就被海浪连根拔起，无情地冲走了。

什么植物能在海边"落户"？

海边的土壤条件不佳，一般的植物很难在这里顺利生存下来。不过，植物王国里可是"藏龙卧虎"呀！像椰子树、棕榈树、红树这类既不怕风又耐盐碱的树种就可以在海边生活得很好。

为什么海边植物会向着大海生长？

我们只要仔细观察就会发现，海边的植物大都是向着海洋生长的。它们生来就是歪着"身体"的吗？当然不是。这是因为植物靠近海边那侧的根基长期受海水冲刷以及大风侵袭，比另一侧要"松垮"得多。日积月累，这些植物就会慢慢长歪，变成一副要"奔向大海"的样子。怎么样，自然的力量很神奇吧？

热带雨林为什么被称为"地球的肺"？

热带雨林是地球赐给人类的宝贵资源。它们就像是巨大的"空气净化器"，不断地吸收着二氧化碳，为人类和动物们制造着氧气。据统计，仅亚马孙热带雨林产生的氧气量就占全球氧气量的三分之一，可见热带雨林的作用有多么重要。因此，热带雨林被称为"地球之肺"。除了制造氧气，热带雨林还有调节气候、防止水土流失等功能。

热带雨林分布在哪里？

你知道神秘的热带雨林分布在哪里吗？告诉你吧，它们多分布在赤道附近的热带地区。那里气候炎热，雨量充沛，季节差异不明显，树木等植被生长得非常茂盛。现在，全球已知的热带雨林主要分布在东南亚、澳大利亚东北部、非洲刚果河流域、南美洲亚马孙河流域、中美洲以及很多太平洋岛屿上。

波巴布树为什么被称为"沙漠水塔"?

波巴布树也叫"猴面包树",生长在炎热干旱的非洲等地。它们有超强的储水功能,据说那粗壮的身躯一次可以贮存几百千克甚至更多的水。你若去非洲沙漠中旅行,恰逢身上没有了水,如果这时能遇见波巴布树那就太幸运了!只要用小刀在树身上划一道小口子,清清的泉水就会喷涌出来,你就可以自由快乐地畅饮一番了。所以说,波巴布树不仅是"沙漠水塔",还是"生命之树"呢!

什么树的种子是世界上最大的？

有一种叫复椰子的树木，生长在旅游圣地——塞舌尔的普拉兰岛上。复椰子树非常有名气，因为它们的果实大得出奇。站在远处看去，树上就像挂着一个个大箩筐。果实中的果核也是世界上最大的种子，重达 15 千克。

智慧多多

有一种植物叫斑叶兰，其种子小得简直像灰尘一样。如果没有放大镜或者显微镜，人们根本无法用肉眼看到它们。直到今天，人们也没有发现比斑叶兰种子更小的种子。

什么树是森林家园里的"巨人"?

杏仁桉树生长在澳洲,被认为是世界上最高的树。杏仁桉树的树干直插云霄,一般高达百米。其中,有一棵杏仁桉树竟然高达 156 米。如果一只鸟儿在桉树的枝头上唱歌,在树下听起来,小鸟的声音就像是蚊子的嗡嗡声一样小!

铁桦树为什么很硬?

铁桦树的"身体"非常坚硬,是世界上最硬的木材。如果用刀在铁桦树的树干上划几下,几乎不会留下什么痕迹;即使人们用子弹射击,树木也会像厚厚的钢板一样,纹丝不动。铁桦树这么坚硬,到底是什么原因呢?其实,奥秘就在其树皮里的韧皮上。韧皮纤维没有弹性,非常坚硬,从而产生了很强的支撑作用,甚至可以将射来的子弹反弹回去。所以,人们有时还用铁桦树做金属的替代品呢!

巨杉是世界上最粗壮的树吗？

　　生长在美国加利福尼亚的巨杉长得又高又壮，堪称"树中之王"，人们给它起了一个非常亲切的名字——"世界爷"。巨杉非常粗壮，最粗的直径可达 30 米。有人在一棵巨杉的树干上凿了一个隧道，结果一辆汽车可以安全通过，没有一点阻碍。这真是不可思议啊！巨杉是世界上最粗壮的树木之一。在史前时期，巨杉曾经分布得非常广泛。它们的壮丽景象和生命力让人叹为观止。这些高大的树木底部最大直径可以超过 11 米，最高的个体甚至能长到 110 米以上。然而，由于人类的贪婪和无知，巨杉曾经面临巨大的砍伐压力，生存环境受到严重破坏。幸运的是，一些环保主义者意识到了保护巨杉的重要性，积极呼吁人们保护这些宝贵的树木。如今，巨杉已成为美国国家公园的一大亮点，吸引着无数游客前来观赏。

紫薇树为什么"怕痒痒"呢？

紫薇树长大后，树干的外皮会自动剥落，露出光滑的内部树干。这时你用手碰它，哪怕只是轻轻地抚摸，紫薇树都会立刻浑身颤抖，摇晃起来，有时还会发出轻轻的"咯咯"声。

这种"怕痒痒"的现象实在令人称奇！那么紫薇树为什么会"怕痒痒"呢？有人认为紫薇树的树干里含有一种特殊物质，这种特殊物质可以感知外界的刺激；也有人认为紫薇树的树冠很大，"头重脚轻"，比较容易摇晃；还有的人认为这是植物本身生物电作用的结果……迄今为止，这个问题仍然没有定论。小朋友，如果有机会，你也可以去研究一下。

为什么灯笼树会发光？

灯笼树有一种特殊本领，那就是能吸收土壤里的磷质。这些磷质进入树叶后，会释放出磷化氢气体。磷化氢气体燃点很低，在空气中很容易燃烧起来，并发出淡蓝色的火焰。所以，在晴朗无风的夜晚，灯笼树上常常会点起一盏盏"蓝色路灯"。怎么样，灯笼树的本领是不是很神奇？

树皮里黏黏的东西是什么？

真奇怪，有的树木居然会"哭"！瞧，树皮里不停地流出来"眼泪"。摸一摸，呀，真黏手！其实，这可不是眼泪，而是树脂。树脂是一种宝贝，不仅能保护树木，还能治愈树木的"伤口"呢！另外，树脂还能被加工成香料和涂料，成为人们日常生活中不可或缺的物质资源。

果树为什么要经常修剪？

和普通树木相比，果树的枝条长得特别快，枝叶也很多。如果不经常修剪，太阳光就很难照晒到果子，这样果子就不能更好地长大，也不容易成熟，所以果树要经常修剪，这样才可以结出丰硕甜美的果实。经常修剪的目的主要是为了改善果树的通风、透光条件。剪掉枯枝还可以提高果树的产量和果实的质量，抑制养分过度消耗。

果实熟透后为什么会掉下来？

果实成熟后，如果不及时采摘，大部分会自己落地。这是因为果实的"任务"就是生根发芽，长出新的果树。为了繁殖后代，当果实成熟后，果柄上的细胞开始衰老，在果柄与树枝相连的地方形成一层"离层"。"离层"就像一道屏障，能隔断果树对果实的营养供应。这样，无法吸收到养分的果实在地心引力的作用下，就会纷纷掉落下来。

为什么茶树大都生长在南方？

许多人喜欢喝茶，比如龙井、碧螺春、铁观音等。这些茶不仅在中国，在世界上也很有名气。可是，茶树大多生长在南方。为什么呢？这是因为南方气候温暖，空气湿润，很适合茶树生长。另外，南方的山区和半山区大多是微酸性的土壤，能给茶树提供其所需要的营养物质。所以，茶树喜欢在南方安家落户。

油棕为什么被称为"世界油王"?

农作物大豆、花生、芝麻、向日葵都是著名的油料作物,不过它们和油棕相比,就有些逊色了。油棕是一种生长在热带的油料作物,果肉、果仁含油量都特别高。一株油棕每年可以生产 30~40 千克油。值得一提的是,油棕籽油食用后很容易消化,具有健胃的作用。所以,油棕一直被人们亲切地称为"世界油王"。

红树林里居住着哪些居民？

红树林聚集生长，形成一片片大大的红树群，而在它们树根和树枝构成的小王国里，居住着许多有趣的居民。

有一种奇怪的鱼居住在红树周围，它们可以离开水生活，并且行动起来非常迅速，所以又被称为"善走的鱼"，它们就是弹涂鱼。同时，许多虾和螃蟹也看中了这些地方，纷纷搬迁到红树旁产卵或者寻找食物。

胡杨有什么特殊的生存本领？

沙漠气候干旱，生存环境非常恶劣，只有很少的植物才能存活下来，胡杨就是为数不多的植物之一。那么胡杨有什么特殊的生存本领呢？胡杨不但能抗热、抗旱、抗盐碱，还能抗风沙。它们能忍受45℃的高温，也能抵抗-40℃低温的侵袭。拥有这么顽强的生命力，难怪它们的树龄可达200年呢！

为什么珙桐树被称为"鸽子树"？

珙桐树是我国特有的珍稀树种。它们的花非常奇特，花序好像鸽子头，两片白色的大苞片就像鸽子的翅膀，远远望去，好似树上停满了白色的鸽子。所以，人们又把珙桐树叫作"鸽子树"。鸽子树被赋予和平、希望和爱的意义，因此形似白鸽的珙桐也被认为是和平的使者。

什么是沙漠绿洲？

沙漠炎热干旱，很长时间也不下雨，但这并不表示沙漠是一片不毛之地。在沙漠中有水源的地方，也会长出绿绿的水草和胡杨、红柳树等，形成植物丰美的绿洲。人们在绿洲旁不仅能建造房屋居住，还能种植庄稼、栽培果树呢！这就意味着，沙漠里也有适合人们生活的地方。

如果没有森林，人们的生活会发生哪些变化？

现在，很少有人居住在森林里，所以人们总觉得森林和自己的生活没有太大关系。其实，森林时时刻刻在影响人类的生活。如果森林被砍伐后，人们的生活会有哪些变化呢？

首先，森林制造的氧气越来越少。大气中的二氧化碳含量会不断增大，地球上所有的生命都会受到严重的影响。其次，小鸟和许多动物失去了家园。它们有的被捕杀，有的被饿死，还有的不得不去寻找新的家园。再次，没有了树木的阻挡，沙漠会慢慢侵入绿油油的农田、草原，甚至会埋没许多村庄。最后，村庄和城镇接连被淹没，人们纷纷逃命，再也没有可以安心生活的地方。

孩子常问的 500个为什么？

浩瀚的宇宙

吕昀珊　曲美霞 ◉ 主编

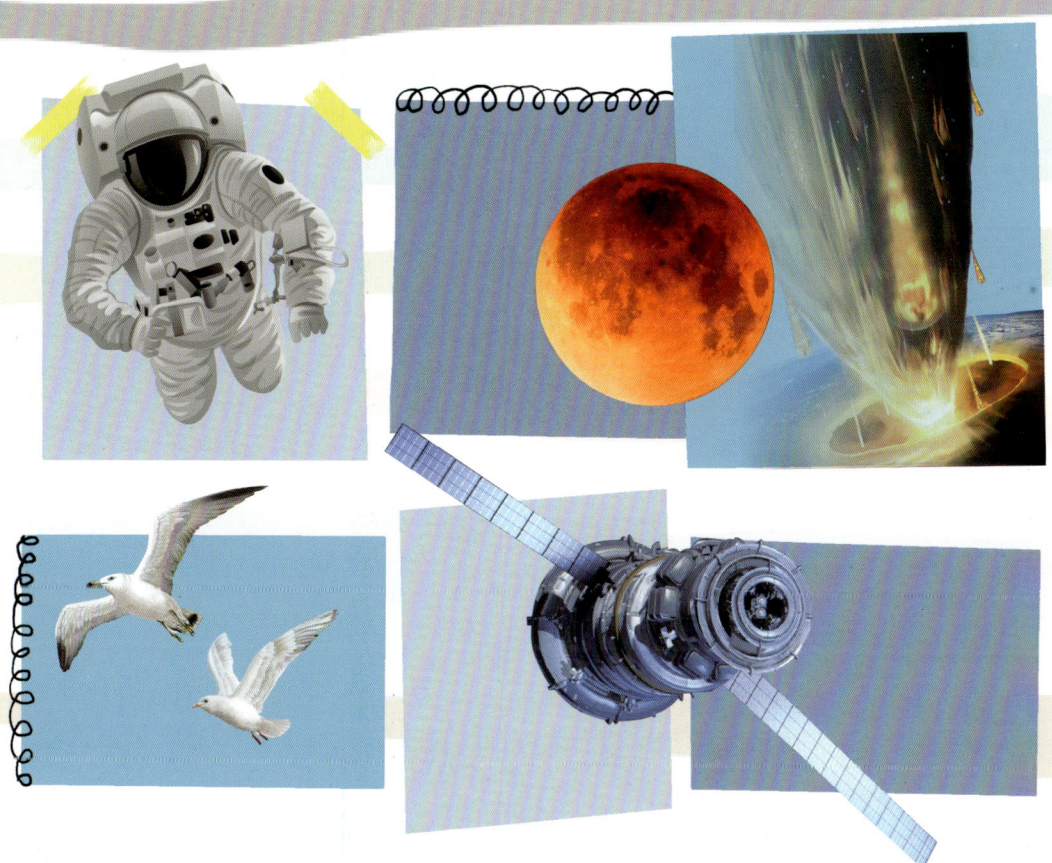

青岛出版集团 | 青岛出版社

目 录

宇宙是怎样形成的？/2

为什么说宇宙在变"胖"？/3

银河真的是天上的一条河吗？/4

银河系有没有"邻居"？/5

为什么星星有的亮，有的暗？/6

为什么北半球夏夜的星星
 比冬夜的多？/7

为什么行星总是在恒星周围？/8

星云"大家庭"里有哪些成员？/9

行星状星云是行星吗？/9

北斗七星由哪七星构成？/10

怎样在满天繁星中找到北极星？/11

太阳系有哪些成员？/12

为什么各行星的行星年不同？/13

为什么有时太阳在白天也会消失？/14

为什么在阴雨天很难看到太阳？/15

为什么月食比日食容易出现？/16

太阳也会自转吗？/17

为什么月球表面看起来有明有暗？/18

人类可以到月球生活吗？/19

黎明前东方的那颗亮星
 叫什么名字？/20

金星上也有火山吗？/21

为什么说木星是太阳系中的
　　"巨人"？／22
为什么说木星的"守护者"很多？／23
为什么说水星上"冰火两重天"？／24
什么是"水星凌日"？／25
为什么火星是红色的？／26
土星环有什么奥秘？／28
土星也有卫星守护吗？／29
天王星有"极昼"和"极夜"吗？／30
为什么说海王星是"笔尖上的
　　行星"？／31
彗星是什么样子呢？／32
为什么彗星总是神出鬼没？／33
什么是太空中的"双星"？／35

地球会被小行星撞击吗？／35
地球多大年纪了？／36
地球是空心的吗？／37
地球到底是什么形状？／38
地球上真的有一条一条的
　　经纬线吗？／39
地球公转的轨道是圆形吗？／39
太阳为什么东升西落？／40
为什么地球上会有春夏秋冬？／41
为什么人造卫星会围着地球转？／42
陨石是什么？／43
地球既然大部分表面被水覆盖为什么
　　还叫"地球"？／44
为什么地球上会有断层崖？／46

宇宙是怎样形成的？

小朋友，你知道宇宙究竟是怎么变成现在这样的吗？科学家们对此提出了很多假设。大爆炸宇宙模型是现代宇宙学中影响最大的一种学说。这一学说认为宇宙曾经历一次超大规模爆炸，宇宙体系不断膨胀，物质从热到冷、从密到稀地演化。最终变成了现在这副模样。

智慧多多

该理论推算出的宇宙年龄不超过140亿岁，通过不同途径测得的各类天体的年龄，都可按照很好的时序纳入大爆炸后宇宙整体演化的框架之内。

为什么说宇宙在变"胖"?

人们的身体会变胖,宇宙也会"变胖"吗?确实是这样的。天文学家发现:所有的星系都在悄悄地远离我们,星系之间的距离也正在扩大。宇宙就像是一个气球,星系是气球表面的波点。随着气球的膨胀,表面上的点会离彼此越来越远。原来,宇宙真的会"变胖"呀!

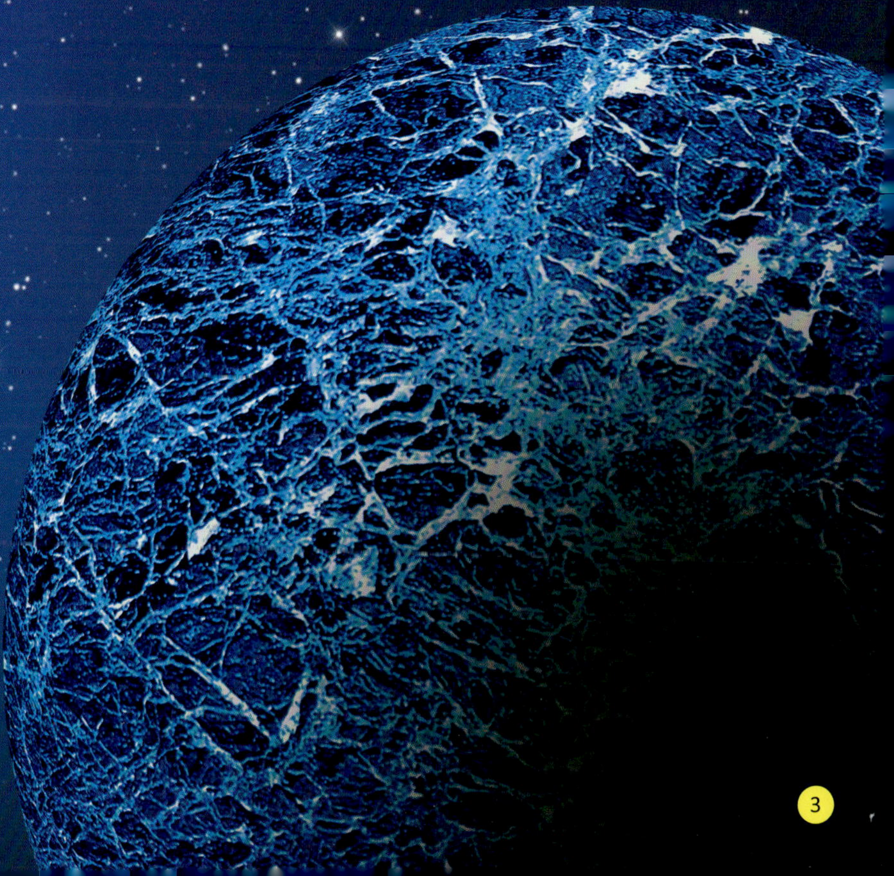

银河真的是天上的一条河吗？

晴天的夜晚，我们能看到天空中有一条乳白色的光带，好似一条滚滚流动的大河，这就是银河。不过，它虽然长得像河，可并不是河，确切地说，它是银河系主体（银盘天体）在天球上投影所构成的图景。

银河系有没有"邻居"?

宇宙浩瀚无比,有着许许多多的星系,银河系也只是其中之一。在银河系以外还有很多星系,天文学家把它们统称为"河外星系"。也就是说,河外星系是银河系的"邻居",是由恒星、星云以及星际气体和尘埃组成的。目前,观测所及的河外星系约数百亿个。

为什么星星有的亮,有的暗?

星星的亮度是不一样的。这可能有以下几个原因:一是星星的发光能力有大有小,有的星星使劲儿发光也赶不上其他星星;二是星星和地球之间的距离有远有近,当发光能力一样时,那些距离地球近的星星看上去就亮,而那些距离地球远的星星看起来就暗一些了;三是星星的光到达我们眼前时,会穿过很多尘埃,这些尘埃可能会使星光减弱。

为什么北半球夏夜的星星比冬夜的多？

真奇怪，在北半球夏季的夜里我们看到的星星有很多，可是在北半球冬季的夜里我们看到的星星却很少。这是怎么回事呢？其实，这和地球的公转有关系。

在北半球的夏季，地球恰好转到太阳和银河系的中心之间，银河系的中心是星星密集的地方，所以我们抬头能够看到繁星闪烁；在北半球的冬季，我们抬头望到的是银河系的边缘，夜空中的星星自然就比较稀疏了。

为什么行星总是在恒星周围？

一般情况下，一颗恒星的周围会围绕着很多行星。比如：太阳这颗恒星的周围就围绕着八大行星。为什么行星总围绕在恒星周围呢？这是因为行星被恒星的引力所牵引，会受恒星的引力支配而环绕它运动。

星云"大家庭"里有哪些成员？

星云的形状千变万化，姿态各异。星云可以分成弥漫星云、行星状星云等。弥漫星云根据发光情况又可以分为亮星云和暗星云。星云家族的"伙伴们"还真不少呢！

行星状星云是行星吗？

行星状星云是恒星演化晚期因星体物质向四周抛射而生成的一类星云。恒星在演化晚期经过一系列爆发而抛出物质后，最终留下灼热的裸核，以及外围由喷出气体组成的发光壳层。它可不是行星，我们千万不要搞混了。

北斗七星由哪七星构成？

小朋友，你见过北斗七星吗？北斗七星是由哪七颗星构成的呢？北斗七星中的每颗星星都有自己的名字，从"斗"口到"斗"尾分别是：天枢、天璇、天玑、天权、玉衡、开阳和摇光。在开阳星附近还有一颗小小的伴星，名字叫"辅"，我们不用望远镜就可以看到它们两个。

怎样在满天繁星中找到北极星？

千百年来，人们都用北极星来辨别方向。那么，怎样才能在满天繁星中找到北极星呢？告诉你吧，只要将北斗七星"斗"口的天璇和天枢连成一条线，向天枢的方向延伸，就能找到北极星了。正因为这样，所以天璇和天枢也被称为"指极星"。

北极星

天枢

天权

天玑

天璇

太阳系有哪些成员？

太阳系里有很多成员。如果按照星体类型分的话，有太阳这颗可以发光的恒星，有质量比太阳小、不会发光的行星和小行星，有质量不大、围绕着行星运行的卫星，有带着长尾巴的彗星，也有数量众多、由尘粒和固体小块组成的流星体，还有像气体、尘埃一样的行星际物质。由此可见，太阳系还真是一个"大家庭"呢！

为什么各行星的行星年不同？

行星年指的是行星围绕太阳公转一周的时间。地球围绕太阳转一周大概需要 365 天，所以地球的行星年就是 365 天。但是，每颗行星和太阳的距离都不一样，所以公转轨道的长短也就有所不同，再加上行星运动的速度不一样，行星年的时间当然就不一样啦！

智慧多多

水星距离太阳很近，而且运行速度很快，它的一行星年约为地球时间的 88 天；金星的一行星年为 224.7 天；行星年最长的应该是离太阳最远的海王星，它的一行星年约为地球时间的 165 年。

为什么有时太阳在白天也会消失？

晚上天空一片漆黑，看不到太阳。但是，有些时候，白天也会出现这样的情况。这并不是因为地球自转的速度加快了，而是因为月亮跑到太阳和地球中间去了。我们知道月亮是不发光的，当它移动到太阳和地球之间的时候，就挡住了阳光，这样即使是白天也只能一片漆黑了。这种情况叫"日食"，是不常见的。

日全食

为什么在阴雨天很难看到太阳？

在阴雨天的时候我们是很难看到太阳的，这时候太阳去哪儿了？实际上它并没有跑掉，是天上的云彩把它挡住了。我们都知道，要下雨的时候天空中乌云密布。在乌云中，除了有水分，还有很多灰尘、杂质。如果云层很厚的话，我们自然就很难看到太阳了。

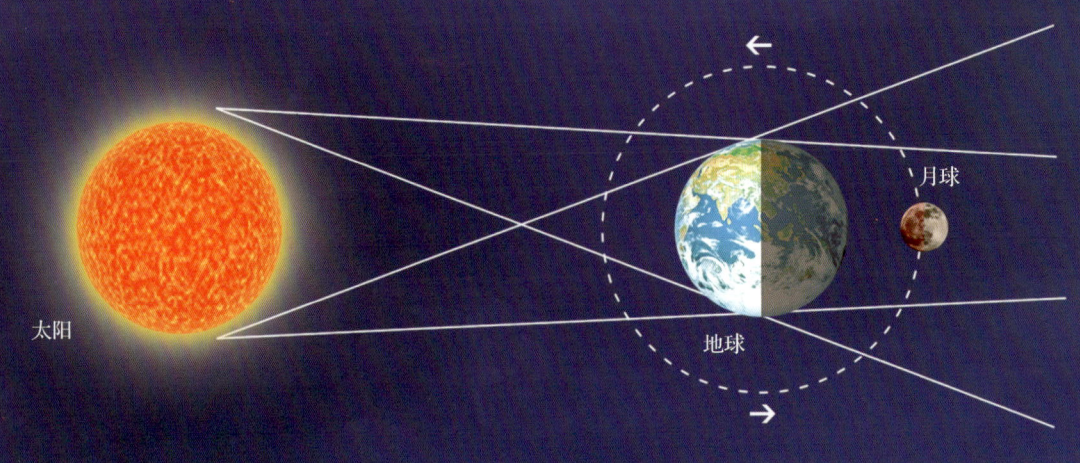

为什么月食比日食容易出现？

你见过月食吗？月食发生在夜晚。当地球运行到月亮和太阳之间时，挡住了阳光，我们就看不到月球啦！相比于日食，月食更容易出现一些。这是因为地球比月亮大，当它遮挡住太阳的时候，半个地球的人都能看到月食。日食就不一样了。月亮体积小，想要挡住大太阳可不是容易的事。所以，能够看到日食的人一定要和月球、太阳站在同一条线上。范围小了很多，看到的人也就少了很多。

太阳也会自转吗？

每个星体都是有公转和自转的，一旦停止转动，就会受到很多外力的干扰，失去方向。太阳也一样，也在一刻不停地自转。我们称太阳的自转为"自行"。不过，太阳转得比地球慢很多，自行一周需要几十天的时间呢！

为什么月球表面看起来有明有暗？

月球的表面看起来有明有暗，这是为什么呢？其实很简单：月球表面不平整，有凸起来的高山，也有低洼的平原，所以阳光照射到月球表面的时候，就有了明面和暗面。另外，月球上有些地方分布着反光能力强的浅色岩石，这些地方看起来就比较亮；还有一些地方覆盖着反光能力弱的熔岩物质，这些地方看起来就比较暗。现在你知道月球表面明暗不一的原因了吧？

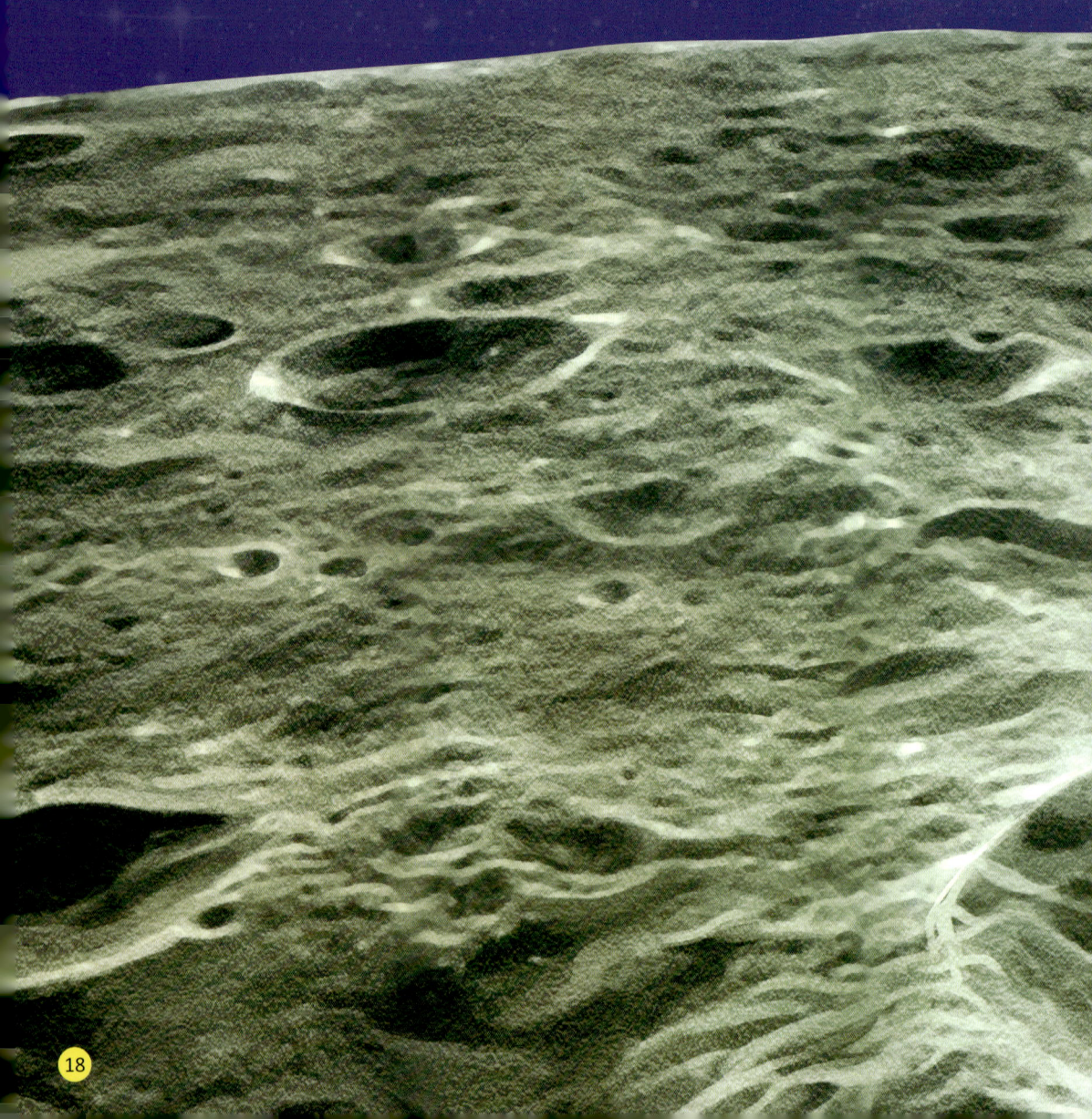

人类可以到月球生活吗？

你是否幻想过去其他星球生活呢，比如月球？但是，实际上我们无法在月球上生活，因为月球的引力大约只有地球的1/6，人在月球上连站立都很难，很容易飘起来。月球表面也没有可供我们呼吸的空气。我们无法呼吸也无法站立，当然不能在那里生活了。

智慧多多

世界上第一个登上月球的人叫阿姆斯特朗，他在月球上留下了人类的第一个足印。

黎明前东方的那颗亮星叫什么名字？

黎明时分，月亮模模糊糊，时有时无。这时向东方望去，会看到一颗很亮的星星，人们叫它"启明星"。其实，它就是太阳系八大行星之一的金星。之所以被称为"启明星"，是因为它在黎明时分非常明亮。不过，这并不是它自己发出来的光，而是太阳给予它的光。因为金星距离地球比较近，所以它看起来非常明亮。

金星上也有火山吗？

除了地球，很多行星上也有火山。金星就是其中之一。金星表面有山脉和峡谷，火山数量众多，有几个火山群活动依旧活跃，有近期活动的迹象。

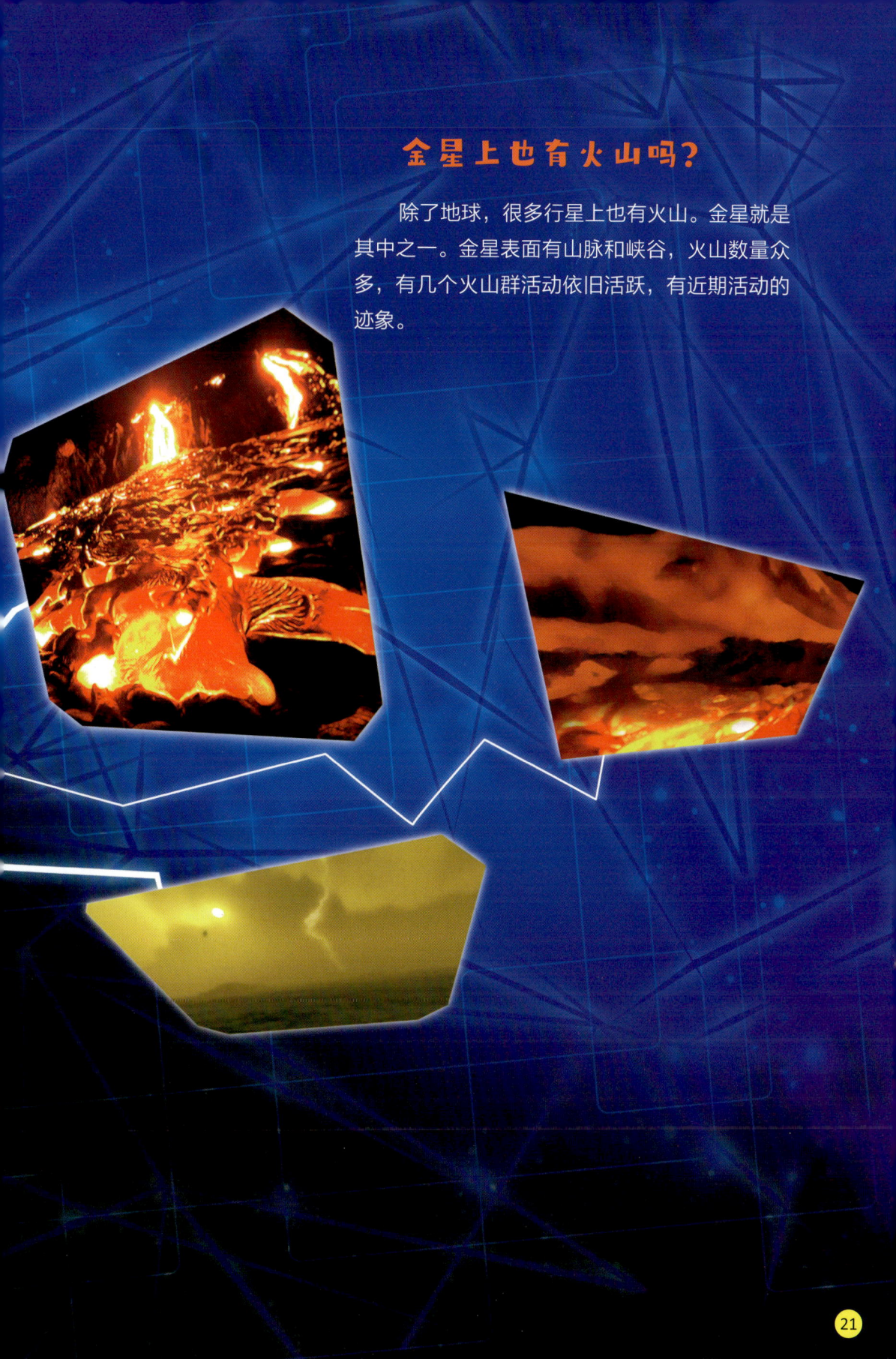

为什么说木星是太阳系中的"巨人"？

太阳系中有八大行星，那么你知道八大行星中谁的体积和质量最大吗？整个太阳系中，木星的体积和质量最大。它的赤道直径为地球的11.18倍。不仅如此，它的体积和质量比其他七颗行星的总和还大。因此，说木星是太阳系中的"巨人"，一点儿也不夸张。

为什么说木星的"守护者"很多？

木星有很多"守护者"。这些"守护者"就是围绕在它身边的卫星。迄今为止，人们已经在木星周围发现了 79 颗卫星。随着科技的进步，不久的将来也许还会有新的卫星被发现。

为什么说水星上"冰火两重天"?

水星是离太阳最近的一颗行星。在高温的烘烤下,水星朝向太阳的一面温度可达400℃以上。然而,背向太阳的一面温度非常低,最低可达-160℃以下。所以,说它是"冰火两重天",一点儿也没有错。

智慧多多

水星的质量和体积很小,它的直径为地球的38%,质量为地球的5.5%。水星的公转周期是88天,自转周期是59天。水星上的1天相当于地球上的59天。

什么是"水星凌日"?

你听说过"水星凌日"吗？这是由水星引起的一种现象。水星也在绕着太阳转，而且水星离太阳比地球离太阳的距离更近。有时太阳、水星和地球会在一条直线上。距离太阳更近的水星就横在太阳和地球之间。不过，水星比地球小很多，不会完全挡住太阳光。有时地球上的观测者会看到太阳表面出现缓慢移动的小黑圆点。这就是"水星凌日"啦！

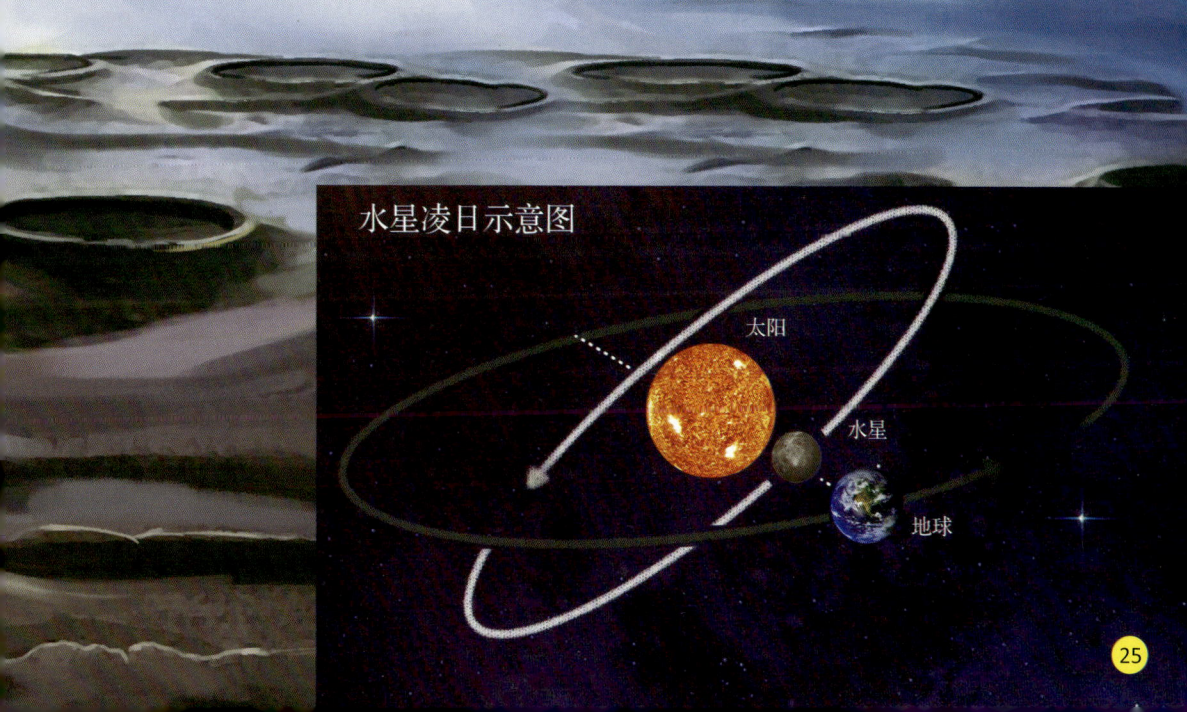

水星凌日示意图

为什么火星是红色的？

火星在中国古代亦称"荧惑"。它的表面很干燥，有很多红色的土壤和岩石。科学家们通过对这些物质的成分进行分析，发现火星有大量的赤铁矿。这种物质呈红色，所以火星看起来就是红色的了。

智慧多多

火星上有没有水资源呢？根据目前探测结果可知，火星的白色极冠是水冰和干冰。科学家们在火星表面发现了河床、水道和流域地形等，这说明火星曾有大量的水，地表下有大量的水资源。

土星环有什么奥秘？

土星身侧的光环看起来真漂亮啊！那么，这圈美丽的光环是由什么物质组成的呢？告诉你吧，土星环是由无数粒子、烁石或冰块组成的。土星环中有小环，共有7环。

土星也有卫星守护吗？

虽然土星没有木星那样庞大的"护卫队伍"，但它周围也有不少卫星。其中比较有名的是它的第六颗卫星——"土卫六"。"土卫六"又叫"泰坦"，是土星所有卫星中最大的一颗。土卫六还拥有浓厚的大气，大气厚度约有 2700 千米。

土卫六"泰坦"

天王星有"极昼"和"极夜"吗？

　　天王星是太阳系由内向外的第 7 颗行星。天王星环绕太阳转一周的时间约为地球的 84 年。它的南北两极会经历约 42 年的"极昼"和约 42 年的"极夜"。

为什么说海王星是"笔尖上的行星"?

海王星很早就被观测到了,但当时的天文学家并没有在意。1846年,法国和英国的天文学家根据天体力学理论同时计算出了海王星的位置,之后,德国的天文学家又用望远镜发现了海王星。

海王星由于是通过测算被发现的,因此被称为"笔尖上的行星"。

彗星是什么样子呢？

彗星长得很奇怪，远离太阳时，是发光的云雾状小斑点；靠近太阳时，就有了大大的脑袋和长长的尾巴，即由彗核、彗发和彗尾组成。彗星的大脑袋被称为"彗头"，是彗核和彗发的总称。彗尾是由十分稀薄的气体和尘埃组成的，形状像扫帚。

为什么彗星总是神出鬼没?

人们常说,彗星总是神出鬼没的。你知道这是为什么吗?告诉你吧,彗星的运行轨道有椭圆、抛物线和双曲线三种。这些轨道很长。而且,只有当彗星运行到离太阳和地球较近的位置时,我们才能看到它。一些彗星只能与太阳接近一次,然后就一去不复返。哪怕是有规律运动的彗星,也是很多年才会出现一次。

什么是太空中的"双星"?

同我们拥有亲密的伙伴一样,宇宙中的很多恒星也拥有自己的"好朋友"。它们总是成双成对。这样的两颗星星被称为"双星",分为视双星和物理双星两类。

地球会被小行星撞击吗?

地球周围有很多小行星,其中直径在 40 米以上的约有 30 万颗,已发现 1600 多颗潜在威胁天体。地球会被它们撞击吗?其实这是完全有可能的。我们知道行星之间会互相吸引,只有引力相当的时候它们才能保持一种平衡。但是,如果地球的引力大于这些小行星,小行星就可能撞向地球。

地球多大年纪了？

从古至今，生活在地球上的每一个人都十分关心地球的年龄问题。但是，由于古代人不懂得科学的推算方法，所以地球的年龄在相当长的一段时间内都是未解之谜。现在，随着科学技术的发展，科学家们已经推算出了地球的年龄。告诉你吧，地球已经约46亿岁高龄！

智慧多多

虽然地球已经约46亿岁，但这不代表它能够长久地生存下去。所有的星体都有衰老、死亡的那一天，地球也是一样。只不过在几亿年之内它都不会走向衰亡，以我们短暂的生命是无法看到它终结的那一天的。

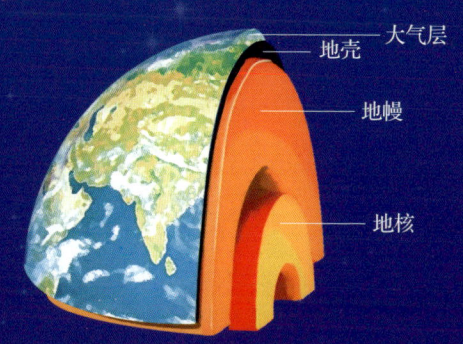

地球是空心的吗？

我们知道地球是个球体，但它不像篮球一样是空心的，它的里面也不全是岩石。地球内部构造大致分为地壳、地幔和地核三部分。地壳是地球固体圈层的最外层，厚度各处不一；地幔是从地壳往下到约 2900 千米深处的一层；而地核是地幔以下到地球中心的部分，分为内核和外核。

地球到底是什么形状？

地球虽然叫"球"，但实际上并不是一个形状规则的球体。它的形状是极为复杂的。地球表面有隆起的地方，也有凹陷的地方。通过卫星观测，它的形状近似一个旋转椭球体。当然了，每颗行星都在变化，地球也是一样，未来的地球形状是什么样的，我们还真无法预测呢。

地球上真的有一条一条的经纬线吗？

在地球仪上我们可以看到一条条的标线，竖着的叫经线，横着的叫纬线。地球表面有这些线吗？经纬线是人们为了地球定位而设想出来的，地球本身可没有这些线条。

地球公转的轨道是圆形吗？

地球在自转的同时，还在绕太阳公转。那么地球公转的轨道是什么样的呢？实际上，地球围绕太阳公转的轨道是椭圆形的，而不是圆形的。我们一定要记住哟！

太阳为什么东升西落？

太阳、行星和卫星都在进行自转，地球也不例外。地球的自转是指地球绕着地轴的旋转运动。地球自转一周大约需要 24 小时，自转方向是自西向东。所以，我们在地球上看到的太阳东升西落、昼夜交替都是由地球的自转造成的。

地球的自转

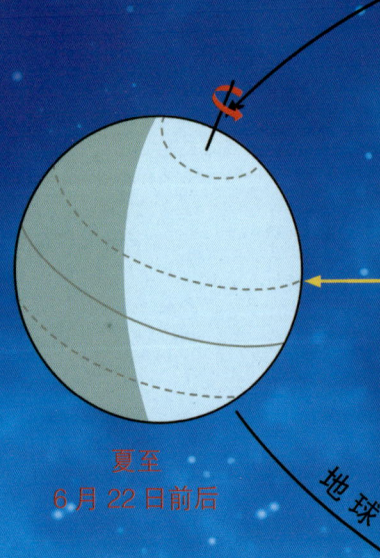

夏至
6 月 22 日前后

地球

图中二分二至日均指北半球

为什么地球上会有春夏秋冬？

地球上的季节变化是地球绕太阳公转的结果。地球公转的轨道是椭圆形的，所以在不同位置它和太阳的距离也不同。而且，地球本身是歪着身子转的，所以地球上各部分接收到的阳光也不同。因为有了明显的温度差异，地球上自然就分成了四季。不过，如果是赤道的话，终年都非常炎热，分不出四季来。

春分
3月21日前后

冬至
12月22日前后

秋分
9月23日前后

为什么人造卫星会围着地球转？

我们知道，地球周围有很多人造卫星。它们沿着相应的轨道运行，既不会飞出去，也不会掉下来。这是为什么呢？其实，这是万有引力作用的结果。就像我们把绳子的一头绑上石头用力做绕圈运动，石头想要飞出去，却被绳子限制在某个点上，二者正好达到一种平衡。地球和人造卫星也是这样，只不过它们之间的绳子是万有引力。这种力正好把人造卫星限制在某个合适的运行轨道上，并让它以某种速度运行，既不会飞出去，也不会被吸进去。

陨石是什么？

宇宙中有很多流星体，这些流星体是由小行星、彗星等经碰撞、碎裂或喷发形成的，在太阳引力作用下沿着各种轨道绕太阳运动。当流星体闯入地球大气层时，与大气摩擦、燃烧而产生的光迹就是我们平时看到的流星。大质量流星体在穿过地球大气层后未被完全烧毁，残骸会落到地面上，这就是我们常说的陨石了。

地球既然大部分表面被水覆盖为什么还叫"地球"?

海洋约占了地球表面积的70%,人们应该叫地球为"水球"才对呀!为什么要叫它"地球"呢?其实这个名字是古人起的。那时航海业还不发达,人们都生活在陆地上。他们觉得地球上的土地非常广阔,看上去无边无际,所以就给地球取名为"地球"了。他们不知道的是,原来大海更加广阔。

智慧多多

地球大部分面积覆盖着水。除了我们熟悉的海水、江河、湖泊,地球上还有很多冰川,它们是固态水。此外,地下水也是非常重要的水资源。拥有这么多水资源,地球被称为"水球"也不为过哟!

为什么地球上会有断层崖？

有的地方地形险峻，有悬崖或陡壁。这是怎么形成的呢？这是地壳运动的结果。地壳断裂上升会形成断块山，由断层相对上升的一盘所直接形成的悬崖或陡崖叫做断层崖。

孩子常问的 500个为什么

动物王国

吕昀珊　曲美霞 主编

青岛出版集团 ｜ 青岛出版社

目 录

天鹅起飞时为什么要助跑？/ 2
大天鹅的巢穴有什么讲究？/ 3
大雁在飞行时为什么要排成"一"字
　或"人"字形？/ 5
杜鹃是怎样繁殖后代的？/ 7
猫头鹰是色盲吗？/ 8
猫头鹰是怎样睡觉的？/ 9
为什么说啄木鸟是"森林医生"？/ 10
为什么信鸽不会迷路？/ 11
为什么缝叶莺被称为"裁缝专家"？/ 11
为什么海鸥被称为海上的"天气预报
　员"？/ 13
翻车鱼真的会翻车吗？/ 14
蝠鲼是怎么吃东西的？/ 15
热带鱼为什么那么漂亮？/ 16
哪种鱼是游泳冠军？/ 17
飞鱼真的会飞吗？/ 18

真奇怪！为什么买不到活带鱼？/ 19
河鲀为什么能像气球一样鼓起来？/ 20
主刺盖鱼长大后，模样会有哪些
　变化？/ 21
为什么章鱼逃命时要斩断自己的
　"脚"？/ 22
海星在海里是怎么行走的？/ 23
海参为什么要排出自己的内脏？/ 24
海胆身上的棘刺有什么作用？/ 25
变色龙为什么会变色？/ 26
海龟上岸后为什么"哭泣"？/ 27
你知道海洋中的"独角兽"吗？/ 28
独角鲸的长牙有什么用？/ 29
帝企鹅夫妇怎样在冰雪世界里孵宝宝？/ 30
企鹅为什么不怕冷？/ 31
海象的獠牙有什么用处呢？/ 32
海象为什么会变色？/ 33

老虎身上的条纹有什么用处？/ 35
为什么树懒的毛看起来是绿色的？/ 36
树袋熊是熊吗？/ 38
浣熊爱洗东西是因为干净吗？/ 39
大猩猩为什么要捶打自己的身体？/ 41
大猩猩家族有哪些成员？/ 41
为什么猴子喜欢相互挠痒痒？/ 42
熊什么时候会直立起身体？/ 44
长颈鹿的脖子为什么那么长？/ 45
非洲狮为什么不敢招惹长颈鹿？/ 47
非洲雄狮为什么被称为"懒汉"？/ 47
猎豹为什么被称为"短跑冠军"？/ 48
猎豹跑得那么快，为什么有时候却
　追不上羚羊？/ 49
为什么斑马身上有一道道的条纹？/ 51
犀牛角有什么秘密？/ 53
为什么不要轻易招惹犀牛？/ 53
为什么大象用鼻子吸水却不会
　被呛着？/ 54
大象的长鼻子有什么用处？/ 55

蜗牛为什么要背着重重的壳？/ 57
蜘蛛为什么会吐出细细的丝？/ 58
刺猬为什么害怕黄鼠狼？/ 60
麝牛为什么不是牛？/ 62
麝牛用什么办法抵御北极狼？/ 63
鸵鸟为什么能牧羊？/ 64
鸵鸟为什么不会飞翔？/ 65
白兔的眼睛为什么是红色的？/ 66
兔子的耳朵为什么那么长？/ 67
鸡和鸭为什么都飞不高？/ 68
孔雀为什么会开屏？/ 70

天鹅起飞时为什么要助跑？

大多数鸟类能够直接飞上天空，可是天鹅却需要像飞机一样，跑一段才能飞起来。这是因为天鹅的身体实在是太重了，双翼不具备扑翼起飞的力量，它们想要飞起来，需要在水面上助跑一段距离，提升自己的速度，然后才能在空气的帮助下飞起来。

大天鹅的巢穴有什么讲究？

　　大天鹅对巢址的选择十分讲究：要远离喧闹区，眼前还要有大片明水区，水流平缓稳定，周围最好长有可以遮风挡雨的高秆植物。选好巢址后，大天鹅便开始收集枯枝和干芦苇等用来"打地基"，再在巢穴内部垫上松软的苔藓、干草茎和羽毛等。这样，舒适的巢穴便建成了。

智慧多多

有些鸟是不需要飞到南方过冬的,比如喜鹊、乌鸦、猫头鹰等,因为它们可以承受住寒冷气候带来的种种考验。

大雁在飞行时为什么要排成"一"字或"人"字形?

秋天到了,大雁会飞去南方过冬。这时,我们会看到这样的场景:一群大雁排着队飞行,一会儿排成"一"字,一会儿排成"人"字,非常有秩序。小朋友一定会好奇地问:"大雁为什么要排队飞行呢?"原来,它们在飞行的时候,空气中会产生一种阻力。聪明的大雁排成"一"字或"人"字形飞行,能够利用前方大雁飞行时形成的气流,减少自身的空气阻力。这样一来,大雁飞行起来就会轻松很多。

杜鹃是怎样繁殖后代的？

　　杜鹃繁殖后代的方式有些不太光彩。成年杜鹃不会筑巢，也不会孵化小杜鹃。为了繁殖后代，成年杜鹃会偷偷躲在其他鸟类的巢穴附近。当这些鸟类离巢时，杜鹃会跑到它们的巢中产卵。就这样，其他鸟类在不知不觉中就成了小杜鹃的"养母"。

猫头鹰是色盲吗？

猫头鹰的视力非常好，但你可能不知道：猫头鹰竟然是色盲！这是因为猫头鹰的视网膜中没有用来辨别颜色的锥状细胞，猫头鹰自然也就没有辨别颜色的能力。

猫头鹰是怎样睡觉的？

猫头鹰喜欢在晚上出来活动。那猫头鹰睡觉吗？答案显而易见，任何动物都需要休息，猫头鹰也一样。只不过它是在白天休息。猫头鹰睡觉时警觉性非常强。为了避免受到敌人攻击，它们总是会用"睁一只眼，闭一只眼"的方式进行休息。怎么样，猫头鹰睡觉的方式很奇特吧？

为什么说啄木鸟是"森林医生"?

啄木鸟被称为"森林医生",这是因为它们喜欢吃树干中的虫子。啄木鸟会用自己尖利的嘴巴去叩击树干,然后用长舌头将藏在树干中的虫子钩出来吃掉,进而保护树木。

有关研究表明,一只啄木鸟一天能够吃掉大约1500条害虫呢!怎么样,啄木鸟无愧于"森林医生"这个称号吧?

为什么信鸽不会迷路?

在古代,人们没有电话,也没有电脑,通信非常困难。为了送信,人们驯养了很多信鸽。信鸽非常聪明,即使路途遥远,一般也不会迷路,能顺利地将信送到收信人手上。

为什么信鸽即使飞很远的距离也不会迷路呢?有些专家认为:信鸽不迷路的秘密就在其两眼之间的一个小突起上。这个小突起叫做"磁感受器",能够帮助信鸽测量地球磁场的变化,而信鸽就是靠着这个本领来辨别方向的。

为什么缝叶莺被称为"裁缝专家"?

缝叶莺是鸟类家族中有名的"裁缝",平时会用植物的纤维或者蜘蛛吐出来的丝等作线,用自己长长的嘴巴作针,配上灵活的爪子,将树叶缝在一起。更让人惊讶的是,缝叶莺还能给线头打上结,以避免松脱。所以,缝叶莺真是当之无愧的"裁缝专家"。

智慧多多

海鸥是怎么感知天气变化的呢？海鸥的骨骼构造非常特别，是空心管状的，里面充满空气，这不仅便于飞行，而且具有测量气压的功能。天气的变化会让海鸥骨骼里的气压发生变化。身体出现了变化，海鸥自然能感知到。也就是说，预报天气的其实是海鸥的骨骼。

为什么海鸥被称为海上的"天气预报员"？

海鸥被称为海上的"天气预报员"，因为它们能够预知大海的天气变化。当大海上空天气晴朗时，海鸥就会贴着海面飞行。当风暴来临时，海鸥就会聚集在沙滩上或者石头缝中躲起来。如果船舶周围突然看不见海鸥，那说明天气也许就要变坏啦！

翻车鱼真的会翻车吗？

翻车鱼的名字怪怪的，它们真的会翻车吗？其实不是这样的。翻车鱼，身体扁扁的，游起来非常慢，有时会侧卧在水面上晒太阳。渔民看见它们翻躺在水面上的样子就像侧翻的小汽车，所以喜欢以"翻车"来形容它们。

蝠鲼是怎么吃东西的？

蝠鲼的样子真奇怪！头部两侧的头鳍看起来就像两个小铲子一样。你知道吗？这两个"小铲子"可是蝠鲼进食的辅助工具呢！它们会用头鳍将海水以及海水中的浮游生物拦截到嘴里，然后用鳃把水排出去，那么剩下的自然就是美味的食物了。

热带鱼为什么那么漂亮？

　　五颜六色的热带鱼让人看了就喜欢得不得了。为什么热带鱼会这么漂亮呢？

　　海洋中有很多凶恶的鱼。为了躲避它们的追击，热带鱼会躲到珊瑚丛中去。珊瑚丛五颜六色，非常美丽。为了隐蔽自己，热带鱼把自己也进化成五颜六色。这样，敌人就找不到它们了。

哪种鱼是游泳冠军？

你知道哪种鱼是鱼类大家族中的游泳冠军吗？告诉你吧，是旗鱼。旗鱼的嘴巴像长剑，能够拨开水流；背鳍就像是船上的帆，能够让旗鱼游得飞快；大尾巴非常有力量，游动时总会用力地摇来摇去。拥有这么多厉害的"武器"，难怪旗鱼会是"游泳冠军"！

飞鱼真的会飞吗?

海洋中有一种叫"飞鱼"的鱼类,它们真的能像小鸟一样飞来飞去吗?其实,飞鱼并不会飞。飞鱼在水中拼命地游动后会冲出水面,这时候胸鳍会像翅膀一样张开,飞鱼就可以在水面上滑翔。但是,飞鱼只是滑翔了一段距离而已,并不能像鸟儿一样飞得很高很远。

真奇怪！为什么买不到活带鱼？

妈妈去市场买鱼时，时常会买一些活蹦乱跳的鱼回来，可是每次买到的带鱼却都是死的。为什么买不到活带鱼呢？原来，带鱼是一种深海鱼，它们平时在深海中游来游去，身体已经习惯了巨大的海水压力。当带鱼被捕捞上来后，因空气压力突然变小，身体内部会受到致命的伤害，如鳔会突然膨胀以致破裂等。因此，我们在市场上看不到活的带鱼。

河鲀为什么能像气球一样鼓起来？

河鲀真有意思，能自己膨胀起来，变得圆圆的，像气球一样。为什么河鲀能够给自己"打气"呢？这要归功于河鲀的特殊器官——气囊。气囊平时收缩着，但一遇到危险，它就被派上用场了。河鲀会快速冲出水面，吸入大量空气，鼓起气囊，顺便将皮肤撑起来，让自己看起来大了好多，吓退敌人。当然啦，如果皮肤不够松弛，河鲀也无法膨胀，所以那弹性良好的皮肤也帮了它们大忙。

主刺盖鱼长大后，模样会有哪些变化？

主刺盖鱼身上穿着"条纹外衣"，在海水和阳光的映衬下格外美丽。可是，你知道吗？小时候的主刺盖鱼并没有这么漂亮。那时，它们身上只有弧形的条纹，体色也暗暗的。但是，随着年龄的增长，它们身上的弧形条纹会慢慢变成纵纹，体色也开始鲜亮起来，真是"女大十八变"呀！

为什么章鱼逃命时要斩断自己的"脚"?

　　章鱼遇到危险时,如果"脚"(腕足)被敌方抓住,就会斩断它,用来迷惑敌方,趁机逃命。可是,章鱼斩断自己的"脚"并不会危及生命。因为章鱼的"脚"有很强的再生能力,伤口处的血管能快速地收缩,甚至会在不流血的情况下迅速愈合。用不了多长时间,章鱼就会长出新"脚"啦!

海星在海里是怎么行走的？

海星没有脚，却可以在水中走来走去，它们是怎么做到的呢？虽然海星没有脚，可是它们的腕下有许多管子，这些管子被称为"管足"，可以任意伸缩。每一个管足的末端长着一个吸盘，海星可以通过管足的运动向前缓慢移动。

海参为什么要排出自己的内脏?

海参可是打不死的家伙,甚至能在把自己的内脏排出后依然安然无恙。这是怎么回事?海参为了迷惑敌人,有时会把自己的内脏排出来,然后趁敌人慌神之际溜之大吉。海参拥有超强的恢复能力,可以在短时期内长出全新的内脏。怎么样,海参的本领很强吧?

海胆身上的棘刺有什么作用?

海胆身上长着很多棘刺,是海洋中的危险分子。你知道这些棘刺有什么用吗?有些海胆的棘刺含有毒素,是它们的防身武器。如果遇到危险,海胆就会用棘刺与敌人一决高下。

变色龙为什么会变色?

变色龙是有名的"变色大师",会随着环境的变化改变身体的颜色。这是因为变色龙的真皮内有多种色素细胞,这些色素细胞受神经系统控制。当周围环境、温度发生改变或变色龙受到威胁时,其神经系统就会受到刺激,体色便会改变。

海龟上岸后为什么"哭泣"?

海龟上岸后,人们常常会看见它们在"哭泣"。其实,海龟并不是真在哭,而是在通过眼睛周围的腺体将身体里多余的盐分排出。它们在海里时,因为"泪水"会被海水冲走,所以人们很难发现它们在海里也会"哭泣"。

你知道海洋中的"独角兽"吗？

　　海洋中有一种独角鲸，它们总是昂着头游来游去。这种鲸头上顶着尖尖的、长长的大角，看上去就像独角兽一样，威风极了。其实，这根大角是雄性独角鲸的长牙。随着年龄的增长，大多数雄性独角鲸的左上颚会长出一根长牙，这根长牙会长成将近3米的"长剑"。小朋友，你是不是很想见见这种鲸呢？

独角鲸的长牙有什么用？

独角鲸的长牙中有很多神经系统，独角鲸平时就利用长牙来测试海水的温度和水压。当海水受污染时，独角鲸也可以利用长牙感觉出来，然后自动远离那里。另外，长牙还可以让独角鲸感受到很远地方的海水变化，进而知道那里有没有好吃的、在那里睡大觉舒不舒服。更厉害的是，独角鲸还可以用自己的长牙和伙伴们"说话"呢！看来，独角鲸的长牙真是用处多多呀！

帝企鹅夫妇怎样在冰雪世界里孵宝宝？

每年，帝企鹅夫妇都会在一个地方团聚，一起筑巢，准备生宝宝。帝企鹅妈妈产下卵，把卵交给帝企鹅爸爸后，就去海洋里寻找食物了。帝企鹅爸爸将卵放在脚蹼上，用腹部的皮肤将卵盖住保温。不管白天黑夜，刮风下雪，帝企鹅爸爸坚强地站立着，不吃不喝，直到两个月后，帝企鹅宝宝破壳而出。

帝企鹅宝宝出生后，吃得肥肥胖胖的帝企鹅妈妈终于回来了，帝企鹅妈妈将嘴里的食物喂给帝企鹅宝宝，并接替帝企鹅爸爸照顾它。这时，帝企鹅爸爸拖着疲惫又瘦弱的身体向海洋走去。帝企鹅爸爸终于可以吃顿饭，补充体力了。

企鹅为什么不怕冷？

南极位于地球的最南端，那里冰天雪地，非常寒冷。大多数企鹅都生活在南极。幸好，企鹅的羽毛又厚又密，不仅能保暖，还能防水。它们的羽毛里面还有一层绒毛，绒毛在白天吸收太阳光的热量，并将热量存储起来，等到晚上就不断地将热量输送到企鹅的体内。而且，企鹅的脂肪较厚，能够阻止身体热量散失。正是因为有了这些"装备"，企鹅才能在寒冷的南极生活下来。

海象的獠牙有什么用处呢？

　　海象的獠牙十分厉害。有时，海象用獠牙挖掘海底泥沙中的食物；有时，海象用獠牙凿开冰洞，大口大口地呼吸新鲜空气；有时，海象用獠牙和凶猛的敌人展开激烈搏斗。寻找食物、抗击敌手……獠牙是海象不可或缺的工具和武器。

海象为什么会变色？

海象的身体会变色。在陆地上，海象的血管受热膨胀，皮肤就会变成棕红色；入水后，海象的身体受冰冷的海水刺激，血管收缩，皮肤就会变成灰白色。

老虎身上的条纹有什么用处？

老虎喜欢在黄昏时外出捕猎。在夕阳照射下，其身上的条纹与周围环境融为一体，不易分辨。这有利于老虎接近猎物，提高其捕猎的成功率。所以说，老虎身上的条纹是一种隐蔽色。

为什么树懒的毛看起来是绿色的？

人们经常看到树懒的毛绿茸茸的，其实它们的毛是褐色的。由于树懒常待在树上，风儿把藻类和地衣吹到了它们的身上，这些东西就在它们潮湿的毛上生长起来，因此它们的毛看起来像是绿色的。

绿色的毛对树懒来说真是合适极了，当它们在树上睡大觉时，绿色的身体在茂盛的树叶里成了天然的伪装，这样它们就很难被敌人发现了。

智慧多多

乌龟的爬行速度已经够慢了，可是树懒的爬行速度比它们还慢。你瞧，一只树懒努力爬行了一天，才离开原地几十米远。

树袋熊是熊吗？

　　树袋熊生活在澳大利亚，是一种可爱、温顺的动物。它们经常安静地坐在树上，就像乖巧的毛茸玩具。虽然树袋熊的名字中有个"熊"字，但树袋熊不是熊。熊属于食肉目，而树袋熊属于有袋目。

　　其实，树袋熊是袋鼠的"近亲"。雌树袋熊的肚子上有育儿袋，小树袋熊出生后，会呆在妈妈的育儿袋里，差不多6个月大的时候才出来活动。

浣熊爱洗东西是因为干净吗？

小朋友，你知道"浣"字是什么意思吗？没错，就是"洗"的意思。浣熊吃东西前喜欢把食物放到水里洗一洗，哪怕水比食物还要脏。因为它们爱洗东西，人们就叫它们"浣熊"。其实，它们这样做并不是因为爱干净，只是天性使然。

大猩猩为什么要捶打自己的身体？

瞧，一只大猩猩正在用力捶打自己的胸脯，还嗷嗷地吼叫着，那样子真是吓人。原来，它是在向对手示威呢！它好像在说："我很强大！我很厉害！"

其实，大猩猩捶打自己，只是想吓唬敌人，并不是真想打架。

大猩猩家族有哪些成员？

大猩猩家族由一只具有统治地位的成年雄性大猩猩、几只成年雌性大猩猩以及不同年龄的未成年大猩猩组成。雄性大猩猩一旦成年就必须离开家族独自生活，因为它们的存在很有可能威胁现任"首领"的地位。不过，有些雄性大猩猩也会选择留在家族内部与"首领"一决高下，即使头破血流也在所不惜。

为什么猴子喜欢相互挠痒痒？

几只猴子聚在一起，你挠挠我，我挠挠你，真是有趣！其实，猴子这是在找盐吃。猴子平时吃的食物含盐量很少，满足不了身体的需要，而它们身上的汗水蒸发后会结出小盐粒，于是它们就在彼此身上找盐粒吃，以满足身体的需要。

熊什么时候会直立起身体？

在动物王国里，大部分动物是用四肢行走的，如马、狮子、长颈鹿、大象等。但是，看似笨重的熊不仅能直立起身体，还能快速地行走，实在令人吃惊。熊生气或受到威胁时会直立起身体，好像在说："别惹我！我很厉害！"当然，它们还会在袭击别的动物时直立起身体，以便快速地扑向猎物。

长颈鹿的脖子为什么那么长？

很久以前，长颈鹿的祖先生活在树木多为伞型的地区。那里的树木，叶子大都集中在上层。长颈鹿为了填饱肚子，便努力地撑直双腿，伸长脖子，去吃树上的叶子。慢慢地，长颈鹿的脖子变得越来越长。

非洲狮为什么不敢招惹长颈鹿？

长颈鹿体高腿长，四肢可以向前、后、左、右多个方位踢打，攻击范围很广。长颈鹿的力量很大，一只成年非洲狮如果不幸被长颈鹿踢中，就很有可能骨折。因此，非洲狮一般不敢轻易攻击长颈鹿。

非洲雄狮为什么被称为"懒汉"？

别看雄狮长得很有气势，但它们每天不是趴在草丛里晒太阳，就是在悠闲地散步。家庭重任大多由雌狮默默承担，因此人们称雄狮为"懒汉"。不过，雄狮这样做也是有原因的：它们脖子上长有鬃毛，体形较大，捕食成功概率不高。雌狮皮毛光滑，动作灵活，可以匍匐前进，能出其不意地攻击猎物。而且，雄狮并不是真的只在草丛中休息和散步，它们是在巡视和守卫领土。

猎豹为什么被称为"短跑冠军"?

猎豹是动物王国里的"短跑冠军"。它们在广阔的大草原上奔跑时犹如飞驰的汽车。

猎豹跑得快,这和它们独特的身体结构有关。首先,猎豹的身体呈流线型,腰身细长,四肢发达,很适合快速奔跑;其次,猎豹的心脏很有力,肺活量很大,它们在奔跑中能够得到充足的氧气;最后,猎豹的长尾巴就像船舵,可以帮助猎豹在快速奔跑中平衡身体。瞧,拥有这样完美的"装备",猎豹想跑不快都难啊!

猎豹跑得那么快,为什么有时候却追不上羚羊?

猎豹虽然奔跑速度快,但持续飞驰的时间较短,否则会因为体温过高而虚脱。猎豹如果不能在短时间内追捕到猎物,就会放弃追击,等待下次机会。羚羊耐力很强,一旦不幸成为猎豹的目标,只要拼命逃跑,并不时地改变方向,坚持一段时间,就可能逃过一劫。

智慧多多

你知道吗?斑马很喜欢和长颈鹿在一起。这是因为长颈鹿的个子很高,看得远,能及早发现悄悄靠近的猛兽,斑马能跟随长颈鹿及时逃走。

为什么斑马身上有一道道的条纹？

斑马身上的黑白条纹十分引人注目，这些黑白条纹是斑马家族在生存过程中逐渐演变来的。

斑马虽然跑得快，却很难从捕食者的追杀中脱逃。当一群斑马聚集在一起时，大片的黑白条纹让捕食者很难把它们区分开来，就无法确定具体的攻击目标。于是，斑马家族将这种利于生存的"保护色"一代一代地传下来，成了它们独特的标志。

犀牛角有什么秘密？

弯曲的大角是犀牛的独特标志。犀牛角非常坚硬，是犀牛最厉害的武器。犀牛角是从皮肤里长出来的，并不属于骨骼的一部分，即便折断也可能再生。犀牛死后，它们的角也会渐渐消失。

为什么不要轻易招惹犀牛？

犀牛家族主要有白犀、印度犀、苏门答腊犀、爪哇犀和黑犀5种成员。大部分犀牛性情温顺，不会主动攻击人类，有的甚至还很胆小，常常隐藏起来。不过，它们如果遇到危险情况就会变得异常凶猛。这些成员中，黑犀牛的脾气比较暴躁，发起怒来甚至会直接撞向敌人。再加上视力不佳，暴躁的黑犀牛有时候还敢冲撞飞驰的火车。

为什么大象用鼻子吸水却不会被呛着？

"大象是用鼻子喝水吗？"事实并非如此。大象可不是用鼻子喝水，而是先将水吸进鼻子，再送到口中。人的鼻子如果不小心吸进了水，会被呛到，还会咳嗽，那大象用鼻子吸水，为什么不会被呛到呢？这是因为在大象的鼻腔后面有一块软骨，当大象用鼻子吸水时，水进入鼻腔中，软骨会将气管口盖上，使水不进入气管，这就防止了呛水现象的发生。大象把鼻子伸进嘴里，用力一喷，就喝到水了。此时，软骨会自动打开，呼吸也可以正常进行。

大象的长鼻子有什么用处?

　　大象的生活离不开长鼻子,呼吸、喝水、进食、闻气味、搬运物品等都要用到。有时,大象会把长鼻子当作拐杖用来探路;遇到危险或生气时,长鼻子就是大象的武器;在象群中,大象还用长鼻子交流。因此,大象的长鼻子实在是太重要了!

智慧多多

蜗牛是世界上牙齿最多的动物。蜗牛的嘴巴很小,但里面的牙齿竟然多达数万颗。

蜗牛为什么要背着重重的壳？

蜗牛无论去哪里都会背着重重的壳。它们难道不累吗？其实，蜗牛的壳用处可大了！蜗牛是一种软体动物，遇到敌害时，背上的壳就成了它们的天然藏身地。而且，蜗牛很怕太阳，壳可以当它们的"遮阳伞"。冬眠时，蜗牛也不用费尽心思找地方，只要缩进壳里就行啦！瞧，笨重的壳对蜗牛来说是不是很重要呀？

蜘蛛为什么会吐出细细的丝？

告诉你个秘密：蜘蛛的丝不是从嘴里吐出来的，而是从屁股后面喷出来的。

蜘蛛的肚子里有一种黏黏的蛋白质液体，里面含有丰富的甘氨酸、丝氨酸和丙氨酸，这些都是造丝的原料。再看蜘蛛的屁股，上面有2~3对鼓起的地方，我们称之为"纺绩器"。"纺绩器"的上面有一层膜，膜上有许多个小孔。蜘蛛织网时，黏液就会从小孔里喷出来，一遇空气，就凝结成丝了。

智慧多多

蜘蛛视力很差，平时依靠蛛丝的振动来接收信息、搜寻猎物。

刺猬为什么害怕黄鼠狼？

刺猬缩成刺球时，狗熊、老虎等大型猛兽都对它们束手无策。可是，刺猬非常害怕小小的黄鼠狼。这是为什么呢？原来，黄鼠狼有放臭屁的本领。每次闻到黄鼠狼的臭屁，刺猬就会被熏得头晕眼花，忘记"变身"，很容易被黄鼠狼捕获。

智慧多多

刺猬为了保护自己,身上长满了刺,只有腹部长有软毛。其实这些刺也是一种"毛发",只是摸上去比较尖利。

麝牛为什么不是牛?

麝牛是一种生活在北极的食草动物。它们的外形乍看像牛，但并不是牛。麝牛的尾巴短小，像羊的尾巴，而且犄角是从头顶长出来的，牙齿也与羊的差不多。麝牛其实是牛和羊之间的过渡物种。

麝牛用什么办法抵御北极狼？

麝牛性情温顺，它们最大的敌人是北极狼。每当北极狼来袭时，麝牛会立刻聚集在一起，成年公麝牛站在最外，把幼麝牛围在中间，摆出防御阵形，用钢叉般坚硬的犄角面对敌人，共同抵抗北极狼。

北极狼一旦进攻，就会被麝牛的犄角顶飞出去。团结一心的麝牛常常能用这种方法取得胜利。

鸵鸟为什么能牧羊?

鸵鸟很有力气,而且奔跑起来特别快,人类根本追赶不上。鸵鸟被驯化后,可以按照人的指示行动,而且办起事情来相当认真、负责。在一些地方,牧民会派鸵鸟出去放牧。鸵鸟一旦发现羊群有危险,便会立刻追赶盗贼,有时还会用脚把敌人踢倒。总之,现在鸵鸟已成为许多牧民心中理想的"羊倌"。

鸵鸟为什么不会飞翔？

鸟儿会飞，主要有几个条件：如轻巧灵活的身体、光滑的羽毛、独特的肺部。一只成年鸵鸟高有两米多，体重超过 100 千克，想把这么沉重的身体升到空中，实在太困难了。而且，鸵鸟无法分泌油脂来润滑羽毛，也没有独特的肺部。因此，它们虽然属于鸟类，却无法飞行。

白兔的眼睛为什么是红色的？

皮毛颜色不同的兔子，眼睛的颜色也不一样。那是因为它们有的体内含有色素。含有灰色素的兔子，毛和眼睛是灰色的；含有黑色素的兔子，毛和眼睛是黑色的。白兔的体内缺乏色素，眼球里充满了红色的血液，因此它们的眼睛由于血色透露而呈红色。

兔子的耳朵为什么那么长？

兔子的耳朵可真长呀，这长耳朵到底有什么用呢？其实，兔子是一种非常弱小的动物，常常会被食肉动物追捕。为了及早发现和躲避敌人，它们必须时刻警惕周围的动静。慢慢地，兔子的耳朵就越长越长，听觉也越来越灵敏。

鸡和鸭为什么都飞不高？

鸟儿能在天上自由地翱翔。同样长着翅膀的鸡、鸭为什么却飞不高呢？原来，鸡和鸭的翅膀都退化了。很久以前，鸡和鸭也是会飞的，在被人们饲养后，它们就慢慢地变成了家禽，只会吃人们撒到地上的食物。不用飞也有吃有喝，时间久了，它们自然而然就不会飞了。

孔雀为什么会开屏？

在孔雀家族中，雌孔雀长得其貌不扬，雄孔雀反而长得非常漂亮，还有华丽的尾屏。到了每年的繁殖时期，雄孔雀的身体里会分泌出性激素。这种激素刺激着雄孔雀展开自己绚烂夺目的尾屏。它们大摇大摆地走着，有时还会做出多种动作，向心爱的雌孔雀炫耀，好像在说："我很帅气，我们在一起吧！"

这就是孔雀开屏的秘密，它们是在求偶呢！繁殖季结束后，雄孔雀会慢慢停止开屏。